U0575508

顺应孩子的天性

英国妈妈的内驱力私房教养书

安潇◎著

民主与建设出版社
·北京·

© 民主与建设出版社，2021

图书在版编目（CIP）数据

顺应孩子的天性 : 英国妈妈的内驱力私房教养书 /
安潇著 . —— 北京 : 民主与建设出版社，2021.8
ISBN 978-7-5139-3609-5

Ⅰ . ①顺… Ⅱ . ①安… Ⅲ . ①儿童教育 – 家庭教育
Ⅳ . ① G78

中国版本图书馆 CIP 数据核字 (2021) 第 125877 号

顺应孩子的天性 : 英国妈妈的内驱力私房教养书
SHUNYING HAIZI DE TIANXING YINGGUO MAMA DE NEIQULI
SIFANG JIAOYANG SHU

著　　者	安　潇
责任编辑	郭丽芳 周　艺
策划编辑	张意妮 赵　莉
封面设计	平　平 @pingmiu
出版发行	民主与建设出版社有限责任公司
电　　话	（010）59417747　59419778
地　　址	北京市海淀区西三环中路 10 号望海楼 E 座 7 层
邮　　编	100142
印　　刷	朗翔印刷（天津）有限公司
版　　次	2021 年 8 月第 1 版
印　　次	2021 年 8 月第 1 次印刷
开　　本	880 毫米 ×1230 毫米　1/32
印　　张	8
字　　数	120 千字
书　　号	ISBN 978-7-5139-3609-5
定　　价	52.80 元

注：如有印、装质量问题，请与出版社联系。

序

创造是孩子的天性，也是最好的内驱力

我的童年是在大山里度过的，后来回到北京居住、上学，又来到伦敦留学、工作、结婚、生子，人生经历了很多变动。我去过很多地方，但无论颠簸到哪里，只要回想起童年里大山的绿色，都会从中获得某种感动、快乐和平静。这样的体验让我明白：童年的经历会成为铺垫一个人内心的底色，它如此重要，是一个人获得情感慰藉的永远的港湾。

所以，当我的两个女儿Suki和Sula出生，我感到非常激动和幸运：我又能和她们一起体验美好的童年。我和每个妈妈一样，都想要给孩子最快乐的童年，为她们的人生打下最暖的基色。

养育两个孩子的过程，让我对生命、人性、自我和世界，都有了崭新的认知和感悟，用世间一切美好的词汇形容它都不为过：纯粹、开放、喜悦、包容……童年是如此灿烂，不仅照亮了孩子，也治愈着我这样的参与者。这不禁让我感慨：当妈妈真的很幸福！

但是，伴随着兴奋与骄傲，孩子的降生也同样带来了神秘与碰撞。在婴幼儿时期，她们就像是和成人完全不同的生物，而且没有任何指导手册！

这些小家伙真是太奇怪了，她们的需求、探索世界的方式、情绪的表达，都像是不同于人类的外星运行"程序"，有时莫名其妙得让人抓狂，新手妈妈一边要承受手忙脚乱的压力，一边又要费力地去破解孩子

的童年密码。

比如，一岁的时候，孩子就像是来自异世界的小怪兽，反反复复的古怪举止让人百思不得其解：为她们买的玩具不爱玩，偏偏喜欢坐在高椅子上扔东西，喜欢不停地开门关门、开盖子、拆东西，什么都要放在嘴里咬一咬……

两三岁的时候，她们又像是被打开了情绪开关，自己都被体内汹涌的情感震惊到，一旦发起脾气，全世界都跟着崩塌，她们大哭大闹，不仅固执蛮横，还自带攻击属性，孩子似乎掌握着一套理直气壮又变化莫测的自我逻辑，总是让成人猜不透！

现在，我的两个孩子大了一些，变得好商量、易交流，很讲道理，她们也能更好地控制自己的情绪了，这让我松了一口气。然而，我同样能看到某种"童年程序"在起作用，比如她们不满意安排得满满当当的时间作息表，要求有很多留白时间，自己能够不断地去探索、去创造、去深入挖掘喜爱事物的细节，这几乎是一种强烈的本能。

和女儿在海边

面对这么多的不可理喻，这些年，我做的最有意义的一件事，就是从孩子们的婴儿时期就开始记录，并一直坚持了下来。我记录她们的古怪举动和让我印象深刻的故事、我的困惑，以及她们喜爱的游戏。

　　一开始，我只是为了记录而记录，想要留下一份珍贵的成长笔记，或者随着时间的流逝，给自己的疑惑作出解答。但逐渐地，这些零碎的记录，就好像一页页文字，某一天竟组合成了一本可以翻开的立体书：它越来越生动，完整地展示出了孩子丰富的内心世界和有迹可循的成长规律，揭示了孩子的天性和本能，我的很多疑问，似乎就在记录之间，自然而然地开始有答案跳脱而出。

　　于是，这些记录和思考，竟然成了我自己的育儿启示录："哦，原来她这样做，是出于这样的天性！孩子是有这样的需求，我终于理解了！"

　　是的，我越发明白，小宝宝那些不合逻辑的古怪行为就是天性，是他们观察并解读世界运行规律的方式。两三岁宝宝那种情感和理性不同步的成熟过程也是天性，幼儿通过体验各种各样的激烈情感，去了解自己、去与外界互动，摸索自我与世界的关系。大一点的宝宝，有着强烈的好奇心，他们在自我驱动的探索中，迸发无尽创造力，这也是孩子的天性。

　　我的记录给自己带来了一份巨大收获：它帮我看懂了孩子的天性，破解了孩子童年那些难懂的密码。原来，顺应孩子的天性去引导，一切难题都会迎刃而解！

　　每次获得一点启发和感悟，我都会感觉豁然开朗。当自己能够理解孩子的情绪和行为以后，我也能够更轻松地处理自己的情绪和行为，这对孩子和自己，都是一种解脱，也成为我和孩子之间沟通的桥梁。

　　这些发现让我很兴奋，因此我开始分享这些记录，在公众号上不断发表热腾腾的小文章，把每一次云开见日的体验、喜悦和启发，传达给我的读者们。

我和我的读者，就好像聚在一起学习着"新语言"！面对孩子这种来自"外星球"的生物，我们终于能够读懂他们的内心，无障碍地理解他们、和他们交流，这是一件多么幸福的事！

这一分享就是四年多，这个过程让我感到无比幸运。我获得了几十万的粉丝，他们和我一起感受童年的美好、拨开童年的迷雾、破解孩子的天性密码。我写下了许许多多的成长小故事，每天都获得很多反馈、回应和共鸣，这让我感觉到陪伴的温暖，看到读者们与自己的孩子之间也在建立理解的桥梁，这让我感受到积极的爱的传递，体会到了分享的意义。

这几年，我的公众号上积累了600多篇原创文章，里面有我观察到的故事、思考后的启发，也有很多释放孩子天性与创造力的亲子游戏。

大家一直呼唤我出书。我的动作太慢，但在图书编辑的帮助下，这些文章被精选、收集、整理，现在终于变成一本书呈现在大家面前！这本书的主题，就是我对童年最深的感触：我们需要顺应孩子的天性。

我将这些内容整理成三个部分：

"看见天性，发现孩子的天赋"，让我们读懂孩子最初感知世界的方式；

"理解天性，用安全感为孩子赋能"，从情感和理性发展的角度去理解孩子的情绪和行为；

"释放天性，以创造力激发孩子的内驱力"，展示孩子最需要的游戏力，帮助他们发现自己、满足好奇的本能。

一本书的容量是有限的，公众号上还有很多我喜爱的内容，无法全部收到这本书中。在此我邀请你继续关注我的公众号"安潇"，我会不断地和你分享最新的感悟和启发。

而这一本关于"孩子天性"的书，就好像一本来自"外星球"小孩的"翻译手册"，我希望能够帮助爸妈们读懂孩子的情绪与行为，了解孩子真正的需要。

理解了孩子，我们就能找到更轻松的引导方法，并进入更舒服的相处状态。对天性的解读，会变成心灵默契的语言，是我们与孩子之间最有价值的连接，它让孩子的童年更加恣意无阻，而我们作为参与者，能够更通透地享受来自童年的动人洗礼。

感谢你翻开这本书。但愿我能一直陪伴你，与孩子们一起快乐地成长。

安潇于伦敦

和女儿在森林

CONTENTS
目录

I

第一部分

看见天性，

发现孩子的天赋

1

用孩子的逻辑
看见孩子

01 "一岁星人"有哪些奇特行为

如果你家里有个一岁宝宝,你可能觉得他奇怪得像是从外星来的生物,交流很有障碍不说,那些反反复复的古怪举止更是让人百思不得其解。

比如以下这些行为:

喜欢扔东西,尤其是坐在高椅子上时,什么都要往地上扔,还特开心;

每次玩积木,推倒积木比搭建积木更积极;

口欲期没完没了,什么都往嘴里放,咬一咬、尝一尝;

不停地开门关门、按按钮、开盖子、拆东西;

喜欢掏书包、掏盒子、掏抽屉,藏着的东西都被掏了出来;

总是和其他小朋友抢玩具,有时甚至推人或者打人。

……

如果你不知道拿宝宝的这些行为如何是好,那就让我用游戏帮你解决孩子的行为问题吧!

喜欢扔东西，还特开心

一岁宝宝喜欢扔东西一般有以下3个原因：

（1）对"重力现象"很好奇。作为地球的新居民，物体飞出又下落的现象，对他来说很有吸引力，可能要好长时间才会习以为常。

（2）想要探索自己的肢体动作和物体作用的"因果关系"。尤其是当他的手指变得更灵活、手臂变得更有力量的时候，"扔"是他最喜欢且不停重复的动作，他开心地发现自己可以通过肢体对周围物体和环境产生作用。

（3）喜欢引起别人的情绪反应，从而获得关注。他一扔东西，爸爸妈妈、爷爷奶奶就坐不住了，然后挑起眉毛开始对他说话，其实不管是赞许还是批评，这种反应都让他感受到了被关注。对此，"扔东西"对他来说就像"开关"一样可以打开大人的情绪反应阀门。

如何用游戏力应对爱扔东西的宝宝？

（1）玩"重力游戏"。在安全的前提下，玩任何可以体现"下落现象"的游戏，一岁宝宝都会乐此不疲。比如我们可以让宝宝推倒用积木搭的高塔，或者坐在山坡上往下滚球，用一块斜放的木板让小车往下行驶，等等。

（2）玩"扔"的游戏。我们可以用小沙包、柔软球等玩具，让宝宝体会肢体动作与物体运动的关系。比如我们可以让宝宝坐在高椅上，往下面的小筐里扔小沙包；或者在平地上，让宝宝随意挥舞手臂去扔小球。一岁宝宝一开始可能会很难控制扔球的方向，所以需要好一段时间才能够掌握肢体动作与球的作用关系。

小车在斜板上下滑显示出重力现象

用洗衣筐和皮球就可以玩「投篮」游戏

（3）减少给予情绪反应。餐桌时间，我们要允许宝宝用手探索食物，大人也不用表现得过于大惊小怪，只让宝宝觉得这种关注是个游戏。如果他扔得很过分，那就简单地告诉宝宝不可以扔，然后把食物收走。

孩子推倒积木比搭建积木更积极

一岁宝宝喜欢推倒积木的原因：

（1）他们喜欢观察重力现象。

（2）一岁宝宝对"搭建"还没什么概念，他们对材料更感兴趣。

如何用游戏力应对？

（1）把积木搭建得高高的让宝宝来推倒，他们会很乐意观察重力现象。

（2）搭建要从最简单的方式开始引导，无论是积木、磁力片还是乐高大颗粒，都可以从少量的数目开始。比如当他们能把三块积木叠在一起时，要积极鼓励，然后慢慢增加积木的数量。

（3）一岁宝宝使用积木类玩具，更常用的玩法是进行语言游戏。语言启蒙是两岁以下的宝宝最重要的任务。

用乐高积木搭建房屋，鼓励孩子用语言想象情节

口欲期没完没了，什么都放嘴里咬一咬、尝一尝

口欲期很长的原因：

每个宝宝的口欲期长短都不一样，有些宝宝基本上没有，有些宝宝则非常执着，一岁半左右还会把东西往嘴里放。口欲期长的宝宝，是因为他们的口腔非常敏感，嘴巴是他们最重要的感觉器官，能够通过嘴巴感知出很多重要信息，比如物体的硬度、温度、味道，等等，他们比较

习惯且依赖这种探索世界的方式。宝宝的口欲强，也是因为他还未对其他可以替换的探索方式产生信心。

我们不要阻止宝宝用嘴巴来探索世界，因为这是他收集信息的重要途径。我们只要保证孩子拿起来的物体都安全无毒就行。玩具擦拭干净后可以让宝宝尽情咬。另外，也可以给宝宝一个安全的咬胶。

如何用游戏力引导宝宝走出口欲期？

（1）感官游戏。感官游戏可以帮助宝宝开启其他的感觉——触觉、嗅觉、视觉、听觉，尤其是鼓励宝宝开展手的探索，逐渐习惯用手去触摸，感受物体的材质、温度和变化。

感官探索的游戏有很多，比如提供给他不同质感的布料，把可食用材料（如米、豆子、煮熟的意粉，等等）加入感官游戏，让他用手尽情地探索。

（2）手部精细运动游戏。对手的使用越有信心，宝宝越容易用手去取代嘴巴来探索环境。鼓励一岁宝宝进行各种各样需要使用手指的游戏，让他尝试穿、捏、拉、按、转等不同的手指动作。最常见的游戏比如用麦圈穿意大利面、用模具切割橡皮泥、"安静书"中的拉链和粘扣游戏、还有用小锤子把高尔夫球钉敲入泡沫塑料

用有孔洞的小球或容器和扭扭棒来练习手指

里，等等。

喜欢开门关门，按按钮，研究笔和笔帽、钥匙和钥匙孔

喜欢反复研究的原因：

反复研究是一岁宝宝的典型特征，他们对"物体之间作用的因果关系"非常好奇，比如物体的开合、物体的匹配、物体间力的作用。他们一旦发现了一个有趣的规律，往往要反反复复地尝试和验证，直到让自己的好奇心得到满足。这个探索欲望来自于人类征服工具的本能。

如何用游戏力引导？

（1）藏宝篮子。把家里的日用品，尤其是厨房里的安全工具都收集在一个篮子里，让宝宝自主探索。

（2）瓶子与盖子匹配游戏。把家里不用的各种瓶子和盖子、笔和笔帽都放在一个盒子里，宝宝会非常有兴趣去寻找和瓶子匹配的盖子，并想办法把盖子盖在瓶子上。但是大人要给宝宝选择难度不高的盖子和瓶子。

（3）开合的游戏。收集家里可以开合的小盒子，比如眼镜盒、化妆用的小镜子等，放在一个大盒子里，让宝宝自由探索物体的开合关系。

喜欢掏东西，经常掏妈妈的手提包、把抽屉里的东西都掏出来、把纸巾从盒子里都抽出来

喜欢掏东西的原因：

收集安全的带盖容器让宝宝匹配与开合

宝宝喜欢掏东西，原因是想要找到"藏起来"的东西。对于他来说，看不见的东西就是消失了。

但是一岁宝宝开始明白，看不见的东西可能只是藏起来了，它仍然在那里。他发现了"物体的恒定性"，因此好奇心大增，会不断地想要寻找那些"藏起来的东西"。

所以，这个年龄段的宝宝对能够成为容器的物品很痴迷，开始明白物体之间的盛载关系——一些物体可以藏在另一些物体里面。这时候的宝宝开始初步理解物体的空间关系，比如"里面"和"外面"。

如何用游戏力引导？

我们可以提供各种和容器有关的游戏。

（1）惊喜口袋。把一些安全的小玩具藏在口袋里，让宝宝去发现布袋里都藏着什么，并带他学习词汇。

（2）丝巾盒子。把很多小布块或者小丝巾塞入纸巾盒或者瓶子里，让宝宝把丝巾抽出来。

（3）大盒子与海洋球。在大盒子上剪出一个让宝宝可以将手伸进去的口，然后把海洋球或者小沙包放在里面，让宝宝用手找到小球或者沙包并掏出来，再塞回去。

（4）形状容器。柔软布料的形状容器，也可以满足宝宝重复拿出来

Sula 用手指把橡皮球从瓶子运输到容器里

与塞进去的欲望。

（5）给宝宝一个属于自己的抽屉或柜子。给宝宝一个属于他的小柜子或者小抽屉，把他们自己的小碗碟或者小玩偶放在里面，学习自己去开关柜子、抽屉，取和放回东西。他很可能会重复地开关柜子和抽屉，对物品"被藏起来又被发现"的游戏玩不够。

（6）橡皮球运输。口欲期之后的宝宝，也可以玩橡皮球与瓶子的运输游戏。

和小朋友抢玩具，甚至会推人或打人

一岁的宝宝争抢、打人，主要是这两个原因：

（1）他们不能想象对方的感受。这个年纪的孩子，只能从自己的角度和情感体会一切，还没有共情和产生同理心的能力。

（2）在有争端时，他不知道其他解决争端的方法。

如何用游戏力引导？

（1）同理心的语言训练。一岁宝宝的同理心，需要随着认知能力的增强慢慢培养，不是一开始就有的，所以这点不用太着急。我们也不要认为打人的宝宝就是"天生暴力"，这只是他们自我保护和争取资源的本能。

引导孩子的同理心，要和语言训练一致。首先就是要让宝宝建立关于情感的词汇，游戏的过程可以是：经常和宝宝看着镜子做表情，并说出词汇；或者看情绪绘本学词汇；或者用玩偶来演绎和形容玩偶的情绪。

当宝宝出现任何情绪时，我们要及时帮助他们把自己的情感与词汇相匹配。让他们知道自己现在的感觉是"很难过""很疼""很生气""很高兴"，等等，让他们的情绪与词汇产生连接。

在他们和别的孩子有了争端时，我们要借机会让他们仔细观察别人的表情，去体会别人的情绪，再次与词汇进行匹配。

有了词汇作为桥梁，他们逐渐就能对他人的情感产生联结，比如当形容"这个小朋友难过得哭了""她的玩具被抢走了，所以很生气"时，他们就能够通过词汇代入自己的情绪，从而理解他人的感觉。同理心便是这样产生的。

（2）不断学习解决争端的方式。我们经常使用玩偶演绎法来上演各种争端，并反反复复地演示争端发生之后的可能的解决方法，比如谅解、道歉，再建议分享、谦让、一起玩，等等。解决争端，也是和语言训练配合在一起的。这个游戏的方法，我在《一招应万变的"拟人演绎法"》中有详解。

02　读懂两岁宝宝的行为逻辑

有一年冬天，外面下着鹅毛大雪。两岁的妹妹看看窗外，忽然扭头对我说："妈妈，我要去游泳。"

游泳馆在步行20分钟以外的地方。我触电般地打了个激灵，看着自己的女儿不像是在开玩笑的样子，小心翼翼地说："你其实是想说你要在家玩拼图，或者玩磁力片、看绘本，对吧？"

"我要去游泳。"她迅速爬上楼，从衣柜里拽出了游泳衣，"我要穿粉红色的游泳衣。"

做了一番心理斗争之后，我终于答应了妹妹。我往行囊里塞满了物品：游泳衣、浴巾、浮力圈、洗浴用品、尿布……

然后我给妹妹梳头发，穿上厚厚的冬装外套和帽子，我和她冲进雪的世界，深一脚浅一脚地走到了社区游泳馆。

Sula 看着窗外的大雪，灵感来了……

当我们费了好大气力脱下冬装，都换上了游泳衣，我牵着妹妹的小手往游泳池走去时，妹妹突然不动了。她把手从我手中抽出，两手放在身后说："妈妈，我不要游泳。"

我震惊地瞪着她，声音都快要颤抖了，说："你不是说要游泳吗？大雪天的，你看我们不是走到这里了吗？赶快去游啊？你不要太过分啊！"

可我说得很无力，因为根据以往的经验，一旦这个两岁的魔女说不要做什么时，连大象都没法撼动她。果然，无论我怎么劝说，她都是那一句"我不要游泳"！

如果此时我跟她发火，换来的会是她半小时的倒地大哭，我会更崩溃。于是我只好站在那里瞪着她，一口口把崩溃的感觉吞进肚子里，然后深叹一口气，拉着妹妹回到更衣室脱下游泳衣、换回冬装、背上死沉的背包，再次走进无边的大雪中。

妹妹挺高兴地说："妈妈，我喜欢！"然后唱起了歌。

我生气地说："你水都没下！你喜欢个啥！"

这时我突然想起来了，人家不早就阐明自己的逻辑了吗——"我要去游泳，因为我想穿粉红色的游泳衣。"她的目的都实现了呀！

这就是两岁宝宝的逻辑，在其他人的理智都坍塌的废墟上顶天立地。

他们是如此理直气壮的存在，一点点地拧巴着你的世界，耐心和理想就在这样的过程中被消磨殆尽。

我没有让孩子一夜间就成熟听话的"灵丹妙药"，如果有，妹妹就会在早上对我说："妈妈，我要去游泳，但我只是想在游泳馆换上粉红色的游泳衣，然后我不下水，就会要求回家哦！"

读懂孩子的心理没有简单的速成法，但了解两岁宝宝的心理和认知水平对我们很重要，当他们挑衅我们的心智极限时，我们会因此多一分谅解，知道这不是他们的错；也对自己的情绪多一分安抚，知道不是自己的错。理解，是我们与孩子之间的缓冲地带，在特殊时刻，理解让自己内心的千万野马缓缓慢下来、停下来。

让我们来从头探一探这些两岁宝宝的逻辑吧！

这件事我怎么做不了？我的世界要毁灭了！

两岁的宝宝是地球上抗挫力最低的物种！他们那可怕的脾气，最常见的就是在做事时遇到挫折产生的。当想做什么却做不到时，他们会哭得很惨烈，仿佛整个世界都要崩塌了。

两岁以下的婴幼儿是完全以自我为中心，也就是所谓"全能自恋"。在婴儿时期，孩子饿了、困了，就会立刻有爸妈过来照顾或者帮着解决困难，这样婴儿会觉得自己的意识可以让环境发生改变。

当宝宝一岁半以后，他们能够更快地走和跑，手指操作能力也增强了。但是随着探索尺度的加大，他们遇到的阻碍会越来越多，这对他们的心理是个很大的打击：原来世界并不都是围着自己转的！

虽然每一次受挫都像是情绪上的末日，但宝宝的认知能力和抗挫力，也是在这个过程里积累和发展起来的。正是因为不断受挫，宝宝才逐渐发展出了独立意识——原来自己和他人以及环境是分开的，自己是独立的个体，需要在探索和受挫中建立自己和外界的关系。

在宝宝受挫或情绪崩溃时，爸爸妈妈们也不用着急，给他们一些时间去感受情绪，让他们学会在崩溃后恢复和反弹，可能更有助于宝宝的成长。

我的意思你怎么不懂？我要和你绝交！

两岁宝宝遇到的很多困难，其实很多都源于语言。因为语言发展和认知发展是紧密相连的，宝宝只有能用语言解释事物了，才能从认知上理解事物。

所以，我在很多游戏案例中都反复强调，两岁宝宝的早教游戏，除了身体的运动以外，还要以语言发展为核心。

当宝宝因为交流障碍大发脾气时，我们要先等他们的情绪完全平静下来之后，用语言"反刍"之前发生的事：发生了什么，宝宝是什么感觉，想要表达什么，应该怎么说，应该怎么做。当让孩子把词句与事件情景联系在一起，下次再有相似的情况发生，他们的记忆库里才有现成的词汇可以拿来使用。一旦宝宝能表达清楚，情绪也就立刻有了缓冲地带和出口。

我刚才承诺了什么？

两岁的宝宝很善变，刚刚点头答应的事情可能转眼间就变卦了。"善变"也是两岁宝宝的大脑发育水平决定的。

首先，他们的工作记忆非常短，就跟金鱼一样，同时处理两种信息会很困难。他们做选择时经常是矛盾的，常常前一秒要选这个，后一秒就变了。其次，两岁宝宝只注重此刻的感觉，以此刻为出发点去做决定，所以他们难以想象半小时以后的情况，并很难为此做出决策！

既然是大脑发育的特定阶段，我们着急也没办法。因此，想要增强孩子的决策能力，我们就要让需要决策的事情规律且重复性地出现。比如我们每天都只看20分钟的电视就关掉，每天晚上8点就睡觉，在睡前刷牙和读书……当这些事件从孩子的短期记忆里转移到长期记忆里，他们就更容易遵守约定。

什么是5分钟？我的当下就是永恒。

两岁宝宝很不守时，当你说"5分钟之后就出门哦""10分钟之后就关电视哦"，他也许会点头答应，但其实他根本不明白什么是"5分钟"和"10分钟"，而且他们也无法想象5分钟和10分钟之后自己会做出什么决策。

所以我们不能对两岁宝宝的时间观念期待太高。我们能做的，是给宝宝具体的时间参照物。比如"这一集动画片完了，就必须关电视哦！""等妈妈把牛奶热好了，我们就上楼睡觉喽！""你把这张画画完了，我们就出门了！"……然后在这个过程中，多重复几次。

两岁宝宝只能以此刻眼前的事物作为参照，以这件事结束为时间的尺度。再多一些的时间想象，对他们来说就比较抽象了。即使他们当时答应了，之后也不一定会记得和遵守。

你拿了我的东西，我的世界就不完整了！

两岁左右是孩子建立自我意识的时期，他们开始逐渐明白什么是自己、什么是别人、什么是环境。

区分这个边界，对宝宝来说很重要的途径之一就是识别物品的归属。他们对物品的归属非常敏感，两岁的宝宝可能会很喜欢说："这是爸爸的眼镜。""这是妈妈的裙子。""这是我的画笔。"他们会觉得这些物品也是自己人格的一部分。正因为如此，两岁宝宝对于自己的物品被抢走的情况会非常愤怒。

所以，我们首先要肯定宝宝的物品归属权，给他们以人格完整的安全感；然后再灌输给他们分享的意义——分享来自自愿，不来自强迫；分享可以得到朋友，不分享可能会失去朋友。

宝宝往往要先确认拥有权获得安全感，才会有心理空间去考虑爸爸妈妈所说的这个"分享和朋友"之间的利害关系。

如果不攻击，我就不知道该怎样做！

很多孩子会因为抢玩具而攻击其他孩子，但如果这样就给宝宝贴上暴力的标签，也有失公允。首先，捍卫自己对物品的所有权，确实是两岁宝宝发展独立意识的需要。其次，两岁宝宝仍然处于自我中心的状态，很难从别人的角度去考虑。最后，如果宝宝不动手攻击，他们不知道还有什么解决冲突的方法！

对于打人的宝宝，最重要的就是教给他两件事：培养孩子的同理心以及让孩子明白还有其他解决冲突的方法。在这个过程中，最重要的是语言训练。当宝宝情绪平静的时候，我们可以用语言重复一遍发生过的事情：你的行为和感觉，对方的行为和感觉（引发同理心）；如果不打架的话，我们还能怎样做（建议解决冲突的其他做法，比如轮换、分享、一起游戏等）。

我也经常用玩偶来讲故事、演绎冲突，训练孩子主动和玩偶对话，想象玩偶的感觉，给出解决冲突的方案。这个方法对我们来说非常有效，我在"拟人演绎法"这篇文章有详细阐述。

我的便便属于我，你不可以夺走它！

两岁的宝宝处于强烈的"便便依恋期"，因为独立意识的萌芽，他们对自我世界的完整感特别看重，从自己身体出来的东西会令他们感觉好奇和得意，他们会觉得那是自己的拥有物。

所以，你可能会发现，两三岁的宝宝特别喜欢谈论便便，那种情绪其实是欣喜的。他刚开始如厕训练时，在心理上可能会有害怕失控的恐惧感，觉得属于自己的事物被抢夺了，因此会有想要守卫的本能。

当然，两岁宝宝是需要开始如厕训练的，只是这个过程中爸妈也需要照顾到宝宝"便便依恋"的心理，多鼓励少强制，按照宝宝的步调来。

孩子的大脑发育和认知水平都不可能一夜完成，所以我们不能对改变他们的行为有太多不切实际的期待。父母要多了解孩子各个发展阶段的规律，在心理上多给自己一点空间，给孩子多一点成长的时间。

03 三岁的宝宝为什么这么"招人烦"

"明知故犯"的三岁宝宝

我家妹妹三岁生日的时候，我许了个愿，希望她能像姐姐那样明事理、讲道理，结果并不如我所愿。三岁的妹妹非常固执、叛逆，闹起来经常是惊天动地，让爸妈很是抓狂。好不容易熬到了她四岁，结束了历经一年的"苦难"，我这才舒了口气。

我的闺密一天也在微信里向我哭诉："太生气了，真想把三岁的儿子从窗户扔出去！他怎么就有本事把爸妈逼疯呢？！"

这些家伙到底是怎么回事？难道他们的口袋里装着各种挑战爸妈理智的秘密武器，让他们特别擅长哭闹反叛、出尔反尔、藐视权威？

你肯定能感觉到：三岁宝宝的叛逆和两岁时的叛逆不太一样了。两岁宝宝的叛逆，大概还能用"可爱"来形容。因为他们连话都还说不清楚，他们对于不想干的事或不想听的话，只是一个劲儿地喊："不！不！不！不！"然后哭成个泪人儿，一副无助的样子。但与两岁宝宝不同的是，三岁宝宝的眼睛里有了"狡猾"的光。他们已经明事理了，他们知道规矩是什么，如果你问他们，他们都能回答得头头是道。可他们翻脸就跟翻书一样快，总是"明知故犯"，也许前一句刚说"好"，可能后一句就反悔了。

你也知道他们开始拿反叛当"武器"，很多时候并不是真的伤心，却能干嚎到让你发疯；可能你觉得他们是假哭，但他们立刻就能打开眼泪开关。三岁宝宝似乎特别清楚让爸妈丧失理智的"按钮"在哪里，按按钮对他们来说就跟做游戏一样，可能他们自己在暗地里偷着乐！

心理学家的实验：三岁大脑的秘密

为什么三岁宝宝这么善于挑战爸妈的忍耐底线呢？

近代最有名的儿童心理学家让·皮亚杰[1]曾经做过一个著名的实验，叫作"颜色与形状的游戏"，是专门针对三岁宝宝进行的，以测试他们大脑发展的认知阶段。

测试很简单，在孩子面前放置两个盒子，上面立着卡片：左边盒子上是蓝色的花，右边盒子上是红色的卡车。当测试者说这是一个颜色分类的游戏时，三岁的宝宝一下子就明白了，蓝色的卡片要放在左边"蓝

---

[1] 皮亚杰，瑞士儿童心理学家。

色的花"的下面，红色的卡片要放在右边"红色的卡车"下面。所以，当孩子拿到了蓝色的卡片时，会很自信地放在左边蓝色的盒子里，当孩子拿到了红色的卡片时，会很自信地放在右边红色的盒子里。之后的颜色游戏都毫无问题，这说明三岁宝宝对颜色的认知已经成型。当我们切换到形状分类游戏时，孩子也能够很清楚地回答出：左边卡片的形状是花，右边卡片的形状是卡车。这说明三岁宝宝对形状的认知也没有问题。

但当测试者说现在我们玩形状游戏时，要把花的卡片都放到左边"花"的形状下面，把卡车的卡片都放到右边"卡车"的形状下面时，此时发生了什么呢？

即便孩子能够回答出：卡片上的形状是卡车，他还是会放到"蓝色的花"下面，他们只能够机械地、遵照一开始的规则进行游戏！最奇特的是，孩子们对规则其实了解得很清楚。如果问孩子现在是什么游戏？他会回答"形状游戏"；问他这个卡片是什么形状，他会说是"花"。但是他却无法执行对的操作，他仍然会按照颜色游戏的规则，把红色"花"的卡片放到右边红色"卡车"的盒子里。

这个实验非常有意思，心理学家们测试了许多三岁宝宝，他们发现：三岁宝宝没有办法切换规则，或者同时用两套思维去思考。

如果一开始是形状游戏，那么三岁宝宝会固执地遵照形状游戏的规则进行下去，即便他知道游戏已经换成了颜色游戏。在心理学上，皮亚杰将这个认知发展阶段称作"知道与行为的分离"。而且更加奇妙的是，如果同一个孩子到了四岁再来做这个实验，他就能够很自如地切换并适应新规则，由此可见大脑发育阶段对孩子是有很大影响的。

三岁宝宝的"挑衅与藐视"

正是这个原因，三岁宝宝最让父母抓狂——因为他们的行为经常和认知不符，他们明明已经理解了事物之间的逻辑关系，却偏偏不遵照逻辑去做，因此在父母的眼里，这就是"挑衅权威""故意不听话"。

心理学家说，三岁处于前逻辑时期（pre-logical），孩子的大脑非常活跃，开始尝试理性解释事物，但很多想法又是刻板和局限的、以自我为中心的，所以认知的逻辑又经常和情绪感受发生冲突，从而会在行为上显示出非理性的、出尔反尔的特征。

孩子在三岁的时候，"知道"与"行为"是分离的。因为他们看上去比两岁时知道了更多规则，所以父母对他们的期待和要求也更多，但是让孩子在这个年龄的行为上履行认知，却比我们想象的难得多。

三岁宝宝变得很叛逆

三岁宝宝的大脑里有着冲突的信息

当你告诉三岁宝宝一个新规则时，也许他们能够理解这个规则，甚至还能够复述出这个规则是什么，但事实上，其大脑的短期记忆还是处于之前的状态。

当然在生活中，孩子并不总是面对新旧两套规则，但是他会时常面对大脑里两种冲突的信息：他们想要去做的和你让他们去做的。比如，他们明白不该从别人那里抢玩具，并且也是这样回答给你的，但其大脑却处在一个"我很想这样的做"的状态，而且三岁宝宝往往无法用理性的规则认知来压制住欲望冲动。当你问他该不该这么做时，他会摇头，知道不应该。然而，在三岁宝宝的大脑中还不能把"知道"完全和"行为"连接起来。

总而言之，三岁宝宝的大脑就是：知道的更多了，但不一定能做得更好。

我们除了抓狂，还能做点什么？

当我们了解到，三岁宝宝的"叛逆"是大脑发育未成熟的必然阶段，也许我们大人的情绪就会缓和一点。我们不要以为孩子这样做是针对我们，他们可能真的没有挑衅、藐视父母的意思，只是还不能将认知付诸行动而已。

那面对这样三岁的宝宝，爸妈们又有什么可以做的呢？

第一，控制自己的情绪。朝孩子怒吼是没有用的，孩子的"知道"与"行为"也不是吼叫就能连接起来的，对孩子大喊大叫，最终伤的还是爸妈自己。

第二，用语言解释行为：帮助孩子将"知道"与"行为"相连接的最好方法，就是保持冷静，一次次复盘。在父母和孩子都平静的情况下，用鼓励和理解的方式，让孩子认识到为什么要这样做、什么样的行为是对的、什么是错的。语言重复的力量是强大的。

第三，用语言解释情绪：在爸妈和孩子都平静的时候，用词汇去形容感觉。我们可以经常和孩子聊天：遇到某个状况，你是如何感觉的？比如，玩具被抢走时，你是什么样的情绪，生气和委屈是一种什么感觉？当别人的玩具被抢走，你猜猜别人是什么感觉？你可以从对方的表情上观察到吗？当孩子能够用语言解释自己的感受，就会更容易舒缓自己的情绪；当孩子能够解释别人的情绪，就会更具有同理心和同情心。

第四，正面强化：大力赞扬孩子的正确行为，让孩子在做对的时候有更好的自我感觉。"知道"与"行为"的连接，是从重复中得来的。而这种连接，很难来自于怒吼，而更容易在重复的鼓励和正面强化中建立。

第五，用游戏的方式跟孩子沟通。三岁宝宝最大的情绪障碍，就是自己想做的事情不能做。当孩子"想做的"与"规则"相冲突，爸妈可以寻找一些游戏替换的方式，这样才会让孩子既能缓解情绪，又能遵守规则。

有时，也许我们大人也需要学会切换思维，试试换成孩子的视角和头脑去思考问题，才会发现他们其实不是在和我们作对。

成长需要耐心，时间会塑造一切。

01　情绪失控，其实并不是孩子的错

有一天，两岁的妹妹躺在床上听我哼歌，她看起来已经很困，眼睛都快闭上了，但忽然有点烦躁，摸摸脸对我说："我不要当女孩!"

我哑口无言地瞪着她，不知道该如何应对!

每当她想要入睡时，如果我听不懂她的要求，那就等同于按了情绪炸弹的开关。这次也一样，她看我没反应，就不肯再睡，挣扎着坐起来大声嚷嚷："我不要当女孩!"

听到这句话，我真是无从下手——我越是碰她，她越是大哭，甚至气得抓头发；想帮她整理头发，她就推开我的手。我怎么做都不对，她却一个劲儿地哭喊："我不要当女孩!"

她狂哭了半小时后满脸通红，我心疼地说："你到底要妈妈做什么呢? 你想要什么我都可以帮你，你干吗非要和妈妈急? "我心里也很委屈，这个不懂事的孩子就知道和妈妈过去!

这时她说了一句话，让我一下子愣住了——"我要睡觉! 我不要再哭了! 我不要再哭了! "

听到这句话我才忽然觉醒：她不是在和我生气，她不想再哭了，但她压制不了失控的情绪！她一直大喊："我不要再哭了！"可她每次一看到自己抽泣不停，就又急得大哭起来。我终于明白了她的哭吼不是冲着我来的，而是在为控制不了自己而感到恐惧。

我过去抱她，她又本能地推开。她喊了好一会儿"我不要再哭了"！之后忽然和我说："我要粉色的小方巾！"那块粉色的小方巾是她的安抚物，有了它她才能够感到安心。我赶紧把方巾给她，她抱着方巾躺下，努力平静了几秒钟又失控了，继续哭了起来。我能看得出来她很想停止哭泣，赶快睡觉，但她控制不了自己。终于她说："我要一小块面包！"

然后我去厨房给她拿了一小块面包。她闭着眼睛咬着面包，吞咽的时候终于停止了哭泣。一分钟以后，她就拿着面包沉沉地睡着了。

其实，当孩子情绪失控的时候，她自己会更害怕。我误以为妹妹是在和我生气，是在针对我，然而事实是她的内心正在经历一场与情绪的争斗。这是妹妹第一次显示出她努力理性的一面：她的理性脑想要停止哭泣，但却无法控制情绪脑的威力。

她其实想要停止哭泣

　　我也是第一次看到不到三岁的她在想办法主动地进行情绪管理：她知道小方巾能让自己平静一些，想要去获得这份安抚物；在小方巾没能抑制失控的情绪时，她记忆里有吃面包停止哭泣的经历，因此向我索要了一片面包。而这个举动，终于成功地帮助她控制住了自己的情绪。

　　意识到这点，我有些自责，我太重视自己的感受了。事实上，她自己的内心世界已经够忙了——在这个小小的身躯内，正在发生紧张的对抗，她已经在竭尽全力让理性和情绪对话。不到三岁的孩子，已经开始启动自己的情绪管理机制，在努力掌控恶魔一样张牙舞爪的情感，想要征服它。

　　这难道不是一场三岁娃的理智与情感的内心大戏吗？

　　有了这份观察，我一下子释怀了，在这种情况下，我应该更好地让自己的情绪与孩子的情绪分离，不把它当作是对我的攻击。

　　两三岁的孩子，每天都会表现出顽固对抗、情绪崩溃等问题，这都是孩子的理性脑和情绪脑未能整合的表现。在幼儿阶段，儿童的理性脑还未成熟，情绪脑占据主导地位。事实上，在25岁以前，人的大脑发

理智与情感的内心大戏

育都不成熟。

有了这个基本认识，父母就会在孩子情绪失控时有一份平常心，理解孩子不是在"冲着妈妈发火"或"刻意不懂事"，她其实是因为无法自控，只能用哭来表达自己强烈的惊慌，她不知道自己身体内发生了什么，也没有人来告诉她如何采取有效的方法来处理这种情绪。

理性脑，包括负责决策的上层大脑和负责逻辑思维与语言的左脑。情绪脑，包括负责本能与直觉的下层大脑和负责情感及解读非语言信息的右脑。所谓大脑整合，是需要帮助孩子用理性脑来解释情绪脑，帮助孩子为自己的情绪感受找到语言逻辑，这样他们才能逐渐地找到理性与情感的联结，这样的大脑也才会连接成一个运转良好的机器。

在儿童成长过程中，尤其是三岁以前，右脑占据着主导地位。他们还没有用逻辑和文字来表达感受的能力，这就是为什么情绪崩溃是"可怕的两岁"特别典型的状态。当孩子开始不停地问"为什么"时，你就知道她的左脑开始起作用了，因为左脑想知道世间万物的因果关系，并用语言把逻辑表达出来。

以妹妹为例，她两岁多情绪崩溃时就任由自己发泄情绪，而现在我可以看到她的理性脑开始启动并产生作用了，在情绪脑热烈活动的时候，理性脑正在想办法去解释和压制。

所以，这个时候父母必须等待孩子的大脑慢慢发育。除了等待，父母也有很多事可以做——在儿童阶段，大脑的可塑造性是很强的，我们要把孩子的情绪失控当作契机，借此帮助孩子整合大脑，让孩子体验大脑各个部分的联结，帮助激活大脑的神经元。

比如在孩子情绪失控的事件之后，我们如果能够和孩子陈述发生了什么事，孩子就能把注意力集中在事实细节和他的情绪两个方面，用语言文字去解释情绪体验。这让他同时使用了"叙述逻辑的左脑"和"情绪感觉的右脑"，加强了左右脑的联系。

我记得姐姐在两岁情绪失控时，一哭就是一个小时。但每次平静下来以后，我们都会讲故事，叙述一遍发生了什么事。后来她养成了习惯，哭完之后，平静下来就会告诉我刚才为什么哭、发生了什么、以后应该怎样做。

到了现在，她遇到挫折的时候还会使用这样的方法，心情平静了就去叙述，用语言说出这些情绪感觉、事件的起因和过程，我们不必评价对错，解释本身就是一种治愈。她的抗挫力也是在这样一次次的语言叙述中增强的。每次她因为挫折而情绪失控时，都能更快地在理性脑中找到相关词汇去解释，从而帮助平息失控的情绪脑。这就是理智与情感的平衡。

对于这次妹妹的情绪崩溃，我也用同样的方法。

第二天她醒来，心情很好。我问她："你昨晚哭了好久，你记得吗？你一直哭喊，看起来很生气、很着急，是不是因为妈妈听不懂你说的话？"

妹妹说："是的，因为昨天晚上我不想当女孩。"

"那你现在想要当女孩吗？"

她摸摸头发说："我现在想要当女孩。"

我百思不得其解："你要扎辫子吗？那我帮你扎马尾辫吧。"我用手把她的头发捋在一起。

谁知她赶紧摇头，说："我不要当男孩！我要当女孩！"

我这时才恍然大悟。她说的"男孩"是头发不会碰到脸的两侧的意思！她昨晚说"我不要当女孩"是因为当时头发还没有扎起来，发丝在脸的侧面弄烦她了，让她没法好好睡觉，她想让我把她的头发扎起来，所以才说"我不要当女孩"！而现在她要当女孩，是想要扎两个马尾辫，这样脸就可以感觉到头发在两侧了。

我哭笑不得，沟通障碍真是引爆情绪炸弹的导火索啊！我和她重新叙述了一遍晚上的事，我再次告诉她，以后头发在脸旁边扎得不舒服，可以和妈妈说："我要把头发梳起来。"这样大家就都听得懂。

当宝宝情绪失控时，她更需要帮助，而不是指责，因为她的内心正在经历挣扎与风暴。对父母来说，与其让自己的情绪在其中粉碎，不如抽离出来，把它看作是一次帮助孩子整合大脑的契机，让她做一个能够平衡理智与情感的全脑儿童。

02 如何疏解孩子因"得不到"而爆发的情绪

情绪管理对姐姐和我们来说都是一个大课题。姐姐一直是一个爱憎分明的小孩，从婴儿时期起情绪就非常激烈，无论是哭还是笑都会用力让全世界知道。到了两岁，有时一些小事就会让她情绪失控，这种失控甚至让她自己都很害怕。随着我们和她一起摸索情绪管理的方法，她逐渐掌握了一些有用的小技巧。

以前姐姐从来不会在商店里因为要东西而哭闹，而近期却连续发生了好几次。她因为爸妈的拒绝而感到非常崩溃，就好像我们否定了她整个人一般伤心欲绝。我们也有些困惑：我们既不想让她觉得我们忽视了她，也不想让她觉得自己可以呼风唤雨。而且很多时候，她并不那么喜欢那件物品，只是因为玩累了又被爸妈拒绝了，所以产生了抗拒和委屈情绪。

　　于是我们就给她创造了许愿单的游戏。许愿单就好像一个情绪的台阶，让她在情绪最激动的时候能有一个疏导；也借此让她接受延迟满足，当她在面对物质欲望时，能有一个探索自己与物的关系的思考空间。

　　当姐姐在商店里发现自己非常喜欢的东西或者很想要某种体验时，我们会建议她把这个事物放在许愿单上。一两个星期以后她还是那么喜欢，我们再来买。我把她特别想要的那些东西打印成图片并剪出来，让她亲手贴到许愿单上，实现的愿望要打钩，没实现的要保持空白。这样她就会发现有些事物她并没有那么喜欢，比如冰雪奇缘的糖果。而像

用剪贴法制作宝宝自己的许愿单

玩具小号，她每天都欣喜又期盼地看着许愿单，那我们就会在下个周末或者合适的时候买给她。

　　花一些时间回顾自己的许愿单，她会经常思考自己最想要的到底是什么。有时她会说有两件物品她都想要，但是比较了一会儿，她自己就会明白最想要的只有一件。她真的喜欢的，爸爸妈妈会帮她实现愿望。而其他很多欲望，真的是可有可无，我们就可以让她自己做出筛选。

让孩子探索自身与物质的关系

　　"你很想要这个玩具对吗？那么你好好表现，表现得好，我们就把

这个玩具奖励给你。"面对孩子的物质欲望，很多父母都会下意识地做出这样的交易：把她想要的东西作为她行为表现不错的奖励。

这似乎是我们的本能反应，无可厚非，因为我们这一代人都是这样长大的，这个模式贯彻了我们整个成长期。

然而这样的物质奖励，真的利于孩子的心理成长的吗？

我们很多人在看到自己特别喜欢的东西时，首先的反应是自己还不够好，不值得拥有，必须要付出才有权利获得。这种潜意识里的"自己不配"的思维方式，是不是来自于幼年时的经历？这种思维模式不只在于物质欲望，还可以扩大到想要的爱情、梦想的职业、渴望的生活。

反过来说，物质奖励也许真的能帮助孩子规范行为，但总是为了获得外部奖励的孩子，未来会成为什么样的人呢？他们很可能成为了奖金而努力工作的员工，但任何有伟大成就的人都不是为了外在奖励而工作的，他们的动力来自于巨大的内驱力，他们被行动表现带来的直接结果而吸引。如果在童年时没让孩子找到做一件事的内在动力，而总是用外在诱惑来干扰他们，他们最终会沦为平庸之辈。

我尝试着用一些小游戏让孩子去探索自己和物质之间的关系。比如我设计了许愿单的游戏。一个小小的游戏，我思考了以下几层教育目的：

第一层：在她是孩子时，让她觉得她值得拥有自己喜欢的东西，不必附加太多的条件；她长大后，我希望她能得到自己想要的事物。

第二层：在她是孩子时，她能在许愿单上判断和选择自己真正喜欢的东西，她长大后才能拒绝生活中的诱惑，把珍贵的资源用到自己真正想要的事物上。

第三层：在她是孩子时，她要学习面对物质时保持积极的心态——如果她在商店里伤心哭闹，是得不到她想要的玩具的；但如果她心情愉悦地等待，反而能够得到。她长大后，我希望欲望和物质带给她的是正能量，而不是失望、绝望、嫉妒、焦虑等负能量。

第四层：在她是孩子时，面对欲望要学会等待，但不会因为等待而产生不安。她长大后，我希望她在追求她想要的事物时，不会因为道路的漫长而失去信念，被焦躁压倒。

第五层：在她是孩子时，当她有正确的行为和优良的表现，我不用物质奖励她，而是让她去感受行为正确本身带来的良好结果，让她理解内因，找到执行这个行为的内驱力。比如，懂礼貌使得她获得朋友，守时间使得她不会错过表演的开场，爱学习使她在学习中发现乐趣……这时，其实所有的外部奖励都是多余的打扰。她长大后，我希望她在确定了自己想要追求的方向后，不被中途那些小恩小惠所扰，而是能为她相信的结果而付出努力。

庆幸的是，随着我们的不妥协和她语言能力的增长，姐姐的情绪管理技能与日俱增。她哭过之后，通常都能自然地进行自我分析：自己是什么样的感觉，发生了什么，为什么有这样的感觉，自己可以怎样做。

她开始逐渐了解和接纳自己的情绪，也逐渐发现自己和物质、欲望的关系。到了三岁时，她忽然就变得万事好商量了，带她去商店里她极少会因为要不到东西而发脾气了。

03 孩子太害羞，父母该怎么应对

我家里有一个非常容易害羞的娃娃——三岁的妹妹。也许别人抱怨过自己的孩子不和人打招呼，妹妹也是从来不和人打招呼的孩子；也许别人抱怨过自己的孩子不肯去兴趣班，妹妹也是从来不肯上兴趣班的孩子；也许别人抱怨过自己的孩子不喜欢陌生人，妹妹也是从来不喜欢陌生人的孩子。

这孩子对陌生人和陌生事物极为抗拒，甚至有时她的反应会羞涩到

害羞的妹妹 Sula

让我诧异的程度。

妹妹两岁生日时，亲朋好友为她唱生日歌，她却吓得逃走，躲到了楼上的小床里哭起来，最后还是姐姐帮她把蜡烛吹灭。

她三岁时，我们和奶奶一家人在饭馆里举行家庭大聚会。堂姐布莱尼带来的新男友远远地坐在了桌子的尽头。我说："妹妹，和布莱尼打招呼啊。"可妹妹眼神发直，就是不肯看向堂姐的方向。而且她坐着坐着，忽然就躲到了桌子下面！她抱着我的大腿，把头放在我的膝盖上，就这样一声不吭地在桌子下面躲了半小时。直到其他人都吃得差不多了，她才犹犹豫豫地钻了出来，坐回椅子上吃饭。

大约3个小时之后，妹妹又想起布莱尼是她最喜欢的堂姐，这才过

去默默地拉住对方的手，话也不多说，就是要和堂姐一起回家，这时陌生的新男友走在旁边，她也没意见了。她就是这么慢热。

这些年，我一直秉承着的观念是，孩子各有天性，什么性格都有其优势和劣势，让她们自由发展就好，因此对妹妹的羞涩也没在意。可想到她早晚是要上学的，要应对陌生人，要尝试新事物、迎接新挑战的，以她这种非常抗拒陌生环境的心态，该如何适应新的人生阶段呢？在我看来，她的羞涩在她的自我发展中已经形成了某种障碍。

作为一个儿童心理学的研究者，其实我的好奇多过于担心：同为一个妈，姐妹俩怎么会如此不同？到底是什么因素决定一个孩子的羞涩？害羞的孩子会长成什么样的成人？我到底该拿一个害羞的"极品娃"怎么办？

什么样的孩子是"害羞的孩子"？

大多数孩子都会有害羞的时刻，但有些孩子的生活可能会被这种性格严重影响。害羞的孩子在陌生的情境或者与他人互动时，会感到焦虑和压抑，尤其是对于成为注意力焦点而感到紧张，比如在很多人面前说话，与陌生人见面。在很多活动中，害羞的孩子更乐意在一旁看着，而不参加。所以在聚会中，妹妹总是那个旁观者。

研究表明，童年极度害羞的孩子，有一些长大以后会慢慢从羞涩中解脱，但也有一些会成为容易害羞和焦虑的成人。

害羞是把双刃剑

我在很长时间里都秉承着完全接受孩子天然性格的态度，然而我越来越感觉妹妹的羞涩已经在影响她的生活和人格发展了。如果是这样，父母就应该帮助孩子将性格中的障碍向积极方向打开。因为长期的羞涩有可能影响到孩子的这些方面：

（1）会减少她增强社交能力的机会，会令她有比较少的朋友关系和亲密关系。

（2）她会错过参与很多有趣和有意义的活动，尤其是那些需要和他人互动配合的活动，比如体育、舞蹈、戏剧和音乐，这是我感觉对她影响更严重的一方面。妹妹一直非常喜欢体操和跳舞，但她因为羞涩的原因坚决不去兴趣班，这种害羞就成了她发展这些爱好与技能的一大障碍。

（3）长期害羞的孩子更容易感到孤独，感到不被重视，这会对自信有伤害。

（4）经常感到紧张和焦虑，对孩子的生理和心理健康都不好。

但害羞并不是一个完全负面的词，害羞内向的孩子往往在某些方面会更有优势。

（1）很多害羞的孩子都在学校里学习成绩不错，更容易专注做事。妹妹从一岁开始专注力就很好，她很擅长于一个人的安静活动，这让她感到舒服。

（2）害羞敏感的孩子，往往内心丰富，感受力强，对外界的体验也更加细腻。

（3）害羞的孩子很少惹麻烦，因为他们不喜欢成为焦点，这让他们比较容易被照顾。

（4）害羞的孩子更善于倾听、关注他人的感受，具有同理心。比如对于我这个妈妈来说，妹妹真的是一个小棉袄，她喜欢陪在我的身边，并且很在意我的情绪。

（5）害羞的孩子也会成长为很棒的领导者。哈佛大学的研究显示：

安静的妹妹很专注、情感丰富

很多出色的领袖，童年时往往是安静的孩子。因为内向的人更加善于倾听，能够洞察人心，对他人的建议接受度更高。

害羞的根源

我读了很多关于害羞原因的分析文章，才发现妹妹害羞的原因：

害羞可能来自天生的性格，敏感害羞的孩子往往有更丰富的心理活动，有时这些内在的思索用掉了他们与他人互动、沟通的精力。

害羞也有可能是由大脑结构决定的个人特质。宾夕法尼亚大学心理学副教授科拉利·佩雷斯·埃德加（Koraly Perez Edgar）通过跟踪儿童进入青少年的历程，发现容易害羞焦虑的儿童成长为容易焦虑的成人的概率比其他儿童更高，并论证这种情况很可能是由大脑差异引起的，特别是杏仁核的部分。

另外，遗传基因也是害羞最主要的原因。这让我吃惊不小，也引起了我的思索和回忆。孩子爸爸不是一个害羞的人，我童年时的性格也像姐姐一样开朗和大胆；但是进入青春期以后，我极容易紧张、焦虑，害怕和陌生人接触，在人群中待久了都会感觉精力都被消耗掉了。我的这种敏感，持续了很长时间，好在现在已经完全改变。但我并不确定我是否具有害羞的基因并遗传给了孩子。

带着对基因的思考，我又看到了一本书——《高敏感是种天赋》。当我读到高敏感的特征时，看到的是青春期的自己：神经质，害羞，情绪受外界刺激影响很大，完美主义倾向，容易自责，情绪内耗很大，在人群中会感到疲惫……

但这样的人也是有很多优势的。他们对色彩、气味、文字等感觉更敏感，有艺术天分，处理问题比较谨慎，共情能力很强，善解人意。我想，这也是我一直以来的强项。那么二女儿妹妹会不会也像妈妈一样有这种高敏感的特质呢？我又要如何引导她避免高敏感的困扰，而发挥其优势呢？

这一年，在不断阅读中，我找到了一些应对妹妹害羞问题的方法，希望有同样困扰的父母能从中获益：

（1）不要用"羞涩""胆小"等词来给孩子贴标签。有时我会和朋友聊起妹妹的羞涩，但一定避免让孩子听到。因为她会给自己心理暗示，认为自己就是一个害羞胆小的孩子。

（2）不要因为她害羞而批评、嘲弄她。即使善意的玩笑最好也要避免，因为害羞的孩子并不能感受到其中的好笑之处。我们应该理解、同情孩子的处境，陪伴她度过那个心理上不舒服的状态。

（3）在孩子心情好的时候，和孩子聊一聊他们害羞的原因，她到底介意什么事情，她对什么感到害怕，她担心出现什么情景等。

（4）用自己的故事鼓励孩子，和孩子聊自己的过去。告诉她妈妈也曾羞涩和胆小，并让她知道自己是如何克服的。孩子总是把成人看作是完美的，听到"完美"的妈妈有过和自己一样的挫折，孩子会感到安慰。

（5）让自己成为一个开朗、善于社交的人。在孩子面前展现出自信，让孩子耳濡目染地知道大方、热情的样子。

（6）慢慢打开孩子的舒适圈，克服让她焦虑的事情。比如妹妹很怕水，我们就先在游泳池边一起坐一个小时；比如妹妹遇到陌生的小朋友会羞涩，我就说不用过去和对方交朋友，远远说一个hello（你好）就很好。

（7）让她在成功中找到自信。我们要多带孩子去新的环境，每次孩子战胜了困难和适应了小小的新变化，就给予她大大的赞扬和鼓励。

遵照这些原则，我一直都在和妹妹并肩作战。到了现在，妹妹的性格仍然是内向害羞的，但是有不少以前她觉得非常难堪和恐惧的事，她都能够战胜并开始享受了。比如，在游乐场，她有时能主动和陌生小朋友打招呼，并拉着人家的手一起玩了；以前她从来不肯去游泳，但因为我的"一次一小步"作战法，她现在迷上了泳池，虽然还不太会游，但开始享受在水里的感觉。

一个内向羞涩的孩子，可能让爸妈更加费心。虽然整个社会都更偏爱那些外向、自信的孩子，但我相信内向的孩子都是璞玉。如果父母懂得爱护和打磨，他们一定会大放异彩。温柔地看看那张藏在你肩膀上的小脸，有一天他可能也会有最棒的朋友，也会做了不起的事情。

3

用孩子的逻辑理解孩子

01 出生顺序与孩子的性格命运的关系

随着"三胎政策"的开放，我们下一代开始拥有兄弟姐妹，出生顺序将是影响他们人格形成的因素之一，也许你需要知道每种角色的助力和阻力都在哪里。兄弟姐妹是孩子的社会关系中的重要组成部分，当孩子习惯了某种角色，会将其性格特征带到成人期，产生推动命运的作用。

"出生顺序理论"是由奥地利心理学家阿尔弗雷德·阿德勒（Alfred Adler）提出的：出生在同一家庭的儿童，由于出生顺序不同，养育方式和手足关系会对孩子的心理与行为产生影响，并带入成人时期。

后来，很多心理学研究者继续发展了阿德勒的这个理论。比如凯文·莱曼博士（Kevin Leman）的书《出生次序之书》，深度解析它如何塑造了人的性格，还有弗兰克·萨洛维博士（Frank J.Sulloway）里程碑式的著作《天生叛逆》①，阐明了出生顺序以及同胞竞争对人格形成有着深远影响。

---

① 英文书名为 *Born to Rebel*，1997 年出版。

每种角色都有助力和阻力

"出生顺序理论"将家庭中出生的孩子这样归类：最大的孩子、最小的孩子、中间的孩子和独生子。

1.最大的孩子：领导者

助力：有责任感，有领导力

最大的孩子在人生最初几年是宇宙的中心，随着"手足"的出生，他就不得不"管理"弟弟妹妹了。这时候父母会把一部分责任交给老大，他必须学习分享、忍让，帮助并照顾兄弟姐妹。在整个童年时期，最大的孩子都在扮演着领导者角色，而这种有领导力的人格特征也会被带到成人世界。举个例子，64%的美国总统都是家里最大的孩子；福布斯杂志2015年评选的"世界上最有影响力的10位女性"，其中有5位都是家里最大的孩子。

2016年发表于《人类资源研究》的一个研究表明，最大的孩子智商更高，他们在学术上要比手足成绩更高。研究者认为，这和幼年时期父母给予了老大更多的早教和关注有关。

阻力：追求权力，过于保守

最大的孩子更有道德感，但社交能力却比弟弟妹妹差。他们太看重自己的地位和权力，对他人说话时易带有命令或劝说的口气。因此，最大的孩子要留意自己是否有这种属性。最大的孩子追求权力、自驱力强、有控制欲，却有可能过度遵循规则和权威，有保守的倾向。

2.最小的孩子：创新者

助力：敢于冒险和创新

家中的规则对最小的孩子会宽容很多，因为爸妈要顾很多别的事情，管不了太多细枝末节。而哥哥姐姐会设定新规则，因此在最小的孩子眼中，规则是可以变化的。最小的孩子受到的惩罚和管教比哥哥姐姐少，所以更具有开拓精神，有了革新的想法会去努力实现它。人类历史上，那些最有创造力头脑的人物，很多都是家里最小的孩子。比如哥白尼、伏尔泰、卢梭、本杰明·富兰克林、汤玛斯·杰斐逊，等等。

弗兰克·萨洛维在《天生叛逆》中提到：在社会中，最大的孩子往往支持维持现状，而最小的孩子往往支持反抗与革新。这正是因为在童年时期，最大的孩子需要扮演父母的角色，维持秩序，他们努力化解冲突。而最小的孩子更喜欢挑战权威、试图改变规则、想要革新和动荡。

姐妹俩的互动，总是让我很着迷（图为 Suki 和 Sula）

另外，因为从小在宠爱中长大，最小的孩子也更友好和善于社交。但因为成长中有强大的长辈作为榜样和竞争者，他们也从不缺野心，因此很多"最小的孩子"获得了极高成就。

阻力：冲动、不守规则、过度冒险

挑衅规则、传统与权威的性格倾向，可能会成全最小的孩子成为革新者，也可能会令他们不经考虑而过度冒险。比如美国军事将领麦克阿瑟就是家中最小的孩子，他的名言是："你是因为打破规则而被记住，而不是遵守规则！"在某次战争中，他在没有征询华盛顿意见的情况下就擅自扩大敌对行动区域，在杜鲁门还未结束战争时就下令撤掉了他的全部职务，这让外界非常震惊。

3. 中间的孩子：谈判者

助力：同理心强、善于谈判

因为要应对比自己更大和更小的手足，所以中间的孩子必须能随时切换角色、揣摩他人的需要，并平衡自己的欲求。因此在成长中，中间的孩子有大量与不同年龄的手足沟通、商议、交易、权衡和谈判的经历，对他人需求的敏感度很高，因此他们有同理心和很强的沟通、谈判能力。

这种对他人需求的察觉能力和谈判能力，使得这些孩子中诞生了许多极为成功的生意人，比如前世界首富比尔·盖茨、投资家巴菲特、前世界首富墨西哥人斯利姆·埃卢。

阻力：缺乏自信、道德感低

英文中有一个词叫作"middle child syndrome"（中间孩子综合征），说的就是中间的孩子容易感觉被忽视。因为最大的孩子倾向于获得特权与责任，最小的孩子容易获得宠爱，易放纵，而出生在中间的孩子受到的关注则相对较少，会有"被忽视"的感觉，因而影响他们的自信心。研究表明，中间的孩子学术成绩比手足低，有信仰的比例最低，道德感也比较低。

4.独生子：专注者

助力：自信、专注力强

据说一个习惯的养成需要用66天，那么独生子有几千个日子去养成"独子的思维模式"——没有人和他竞争关注度。因此独生子会觉得整个世界都在围绕着自己旋转，思考问题时会从自己的角度出发。独生子有一种特殊的自信，由于没有体验过过多的竞争，所以他们受挫的体验也比较少，他们会认为自己有能力改变世界。

另外，独生子的童年不会被手足所打扰，因此可以专注于自己喜欢的事情，并持续深入，因此他们习惯于设立目标，并稳步去实现。

也有一个研究表明，因为不缺关爱，独生子的幸福度也比较高。

阻力：自我中心、不懂倾听

在整个成长过程中，独生子都是家庭关注的焦点，他们习惯以自我为中心，缺乏耐心倾听他人的体验，难以切换到他人的视角看待事物。因此独生子的沟通能力和同理心，比有手足的孩子会差一些。生活上，独生子习惯于被父母照顾和指导，依赖性也很强。

世界500强顶尖业务顾问帕维尔·米什科在TED上讲了一个故事：他是家里的独子，在演讲和展示产品时他都很有自信，但是同事给他的反馈是：他不懂得倾听客户的需要。

了解到出生顺序理论之后，他按照导师的要求在家练习倾听，他对妻子说："告诉我，你的一天里都发生了什么，我按照导师要求的那样听你说话。"于是，他的妻子开始讲和孩子在一起的那些事，讲了20分钟以后她突然哭了，她说："也许你只是在完成导师的任务，但是我们结婚10年，这是你第一次认真听我说话。"

米什科感到非常震惊，作为独生子，他从未意识到自己一直没能好好去倾听别人。

性别和年龄差的影响因素

除了出生顺序会影响性格外，性别也会影响一个人的性格。如果老大和老二性别不同，两个孩子就都有可能形成老大的特性，尤其是在那些性别角色泾渭分明的家庭里，两个孩子都会承担起老大的责任。性别相同的老大和老二往往性格相反。

造成例外的第二个因素是年龄差。手足的年龄相差越小，这种影响越明显。当两个孩子年龄相差4岁以上时，"出生顺序理论"的影响就会减小，年龄差距使得他们之间的竞争与合作都会削弱。

当然，仅仅是出生顺序并不能决定一个人的命运，个体差异、文化宗教、社会环境、教育养育、机遇境遇等都是塑造人格的重要因素。但你需要了解，在孩子的成长中，出生顺序会给孩子的行为与思维习惯赋予角色特征，形成的性格也会带入他们成人后的生活。

如果我们提前了解出生顺序在人格中的阻力与助力，就能利用它对命运有更多积极的影响。

姐妹俩年龄差是22个月，性格非常不同

02 三胎时代，如何读懂大宝的心

和我有20年交情的好闺密的二宝出生啦！她将胖嘟嘟的新生儿照片散播到朋友圈里，大家都犯起了花痴。但在产房里的闺密，还来不及回复大家的祝福，第一件事竟然是求助："怎么办？老大马上就要来产房了，看见妈妈抱着老二又亲又喂的，肯定会嫉妒！老大霸占妈妈惯了，平时根本都看不得妈妈拉别的小朋友的手，要是看到妈妈花大把时间和二宝黏在一起，怎么接受得了呢？愁！"

同样的困扰，我的微信公众号读者也经常提到。二胎政策开放后，我听说大家见面打招呼的方式都非常默契地从"你吃了吗？"变成了"你打算要二胎了吗？"随着二胎的到来，很多棘手的事也一起降临，其中不可忽视的就是：大宝会欢迎小弟弟（妹妹）的到来吗？

很多朋友问到我生二胎时的经历。在大宝对二宝的心理接受度上，我是非常幸运的。姐姐对妹妹一直非常疼爱，第一次见面时，姐姐就把对她最重要的长颈鹿玩偶放在妹妹的小床里——她没有任何嫉妒和不安。

妹妹在婴儿时期，姐姐非常喜欢给她洗澡、拿尿布、喂奶，再大一点还给她喂饭、穿衣、读书。现在姐妹俩每天都黏在一起玩，我家的妹妹多少是被姐姐拉扯大的。

大家问我为何姐姐没有心理落差？我可以想到的是这样以下几点：

姐姐年龄还小。妹妹出生时，姐姐不到两岁，多元情感还没有完全发展起来，她还没有体验过嫉妒的情绪。我从其他闺密的经验中了解到，老大年龄大一些，似乎更容易产生嫉妒心理，因为他们的情感更丰富，也更习惯于独自占有爸妈。

读二胎绘本、聊手足故事。我怀老二的时候，给姐姐读了很多关于婴儿和二胎的绘本，给她详细描述在妈妈肚子里的宝宝是什么样子的，告诉她婴儿出生以后会如何成长、要如何照顾，并让她触摸我，感受胎动。爸爸也经常聊他童年时和兄弟玩耍的旧事。这些描述让姐姐对妹妹充满了好奇和期待，在她心里，妹妹像是一个即将到来的好朋友和大玩具。在老二出生以后，姐姐也很爱看"手足情"的这类绘本，她很期待妹妹长大后和她一起玩；到了老二能读书的年纪，妹妹也很爱这些绘本，并经常和姐姐肩并肩地一起读，有时两个人还会一起咯咯笑个不停。

让老大管老二。妹妹出生以后，为了避免让姐姐觉得妈妈被老二霸占了，我让姐姐成为"妹妹的管家"——很多照顾婴儿的工作我都交给姐姐做，让她帮忙泡奶粉、拿尿布、给妹妹洗澡，让她汇报妹妹是哭了还是睡了，等等，这时她会觉得妹妹是由自己来管的，而这种"地位等

姐姐给妹妹洗澡　　　　　姐妹俩亲密陪伴每一天

级"的责任感和优越感也会消减她和妹妹争抢关注的心理。

爸爸的陪伴。妹妹出生之后，在我忙的时候，爸爸花了大量时间陪伴老大，爸爸和姐姐成了非常亲密的好朋友，无话不谈。所以姐姐完全

不会有缺少父母陪伴的感觉，反而她发现和爸爸一起玩更有意思。

天生性格因素。我家老大天生就很热情开朗、自信大方，她极少有嫉妒感、不安全感，是个充满爱的孩子。

我知道有很多大宝接受家庭新成员到来的过程并不轻松，让我再多解读一下大宝的心理，理解万岁，轻松应对：

1. 大宝一直都是焦点，所以一时难以接受新成员，帮助其提前做好心理建设最关键

"尊贵"的大宝习惯了自己一直都是爸妈的焦点。而当家里凭空多出一个小家伙，他哇哇一哭就轻松博得爸爸妈妈的关注，这让大宝的心理很容易产生落差。

大宝会从妈妈隆起的肚子或谈话中得知有关弟弟（妹妹）的事，别以为他们什么都不懂。与其任由孩子胡思乱想，不如提前做好铺垫，多读绘本、多向其描述手足关系、家庭关系、婴儿成长的过程，给大宝心理缓冲的时间。

2. 培养大宝的责任感，由此连接和二宝的感情

我们不要过多地批评大宝的嫉妒心，而要尽量制造各种机会让大宝做一些照顾弟（妹）的简单小事，让这个新晋的小哥哥（姐姐）有成就感。比如让大宝协助大人给二宝换纸尿裤、喂饭，让他做鬼脸逗二宝笑，给二宝录成长视频，等等。我们要相信手足情深，他们之间一定可以培养出无与伦比的感情。到了那个时候，也许爸爸妈妈都变得没那么重要了。

3. 孩子的适应能力有限，避免大宝在生活上发生突然的转变

二宝出生后，爸爸妈妈都要避免让大宝的生活发生突然的转变。比如，不要为了省事就送大宝去上日托，以免他将二宝的降临与和爸妈分离联系起来。太多的变化，会让大宝在心理上难以调试。我们要尽可能让爸爸关注和照顾大宝，不要马上让不熟悉的人来照顾他，这无疑会加重大宝的不适感。分床或分房间最好要提早进行，或者延迟进行。

总之，二宝来临时，我们要尽量让大宝在原有的环境下生活，再考虑让他慢慢适应新变化。爱与关心可以战胜一切困难。

4.每个人都渴望被关注，尽量多倾听大宝的心声

在照顾二宝之余，爸爸妈妈要尽可能地找机会和大宝多接触、交流，甚至可以把二宝暂时托付出去，特意带大宝去他想去的地方游玩，制造美好的亲子回忆，让他明白爸爸妈妈对他的爱并没有减少。在大宝情绪低落的时候，爸爸妈妈也要及时发现并进行有效沟通，不要让大宝把委屈埋在心底。

5.尽量避免拿兄弟姐妹和他进行比较

每个孩子都有自己的特别之处，也都想要得到爸爸妈妈的爱，他们不希望爸爸妈妈总拿别人的优点来跟自己的缺点作比较。

尽管有二胎的爸爸妈妈都会情不自禁地感慨两个孩子的不同，比如谁更爱吃、谁睡得好、谁长得壮、谁更高、谁更聪明、谁更像妈妈，等等。爸妈会觉得有些话无伤大雅，但是也要留意孩子是否会介意。经常开玩笑也可能会引起孩子的误解。

少去比较两个孩子的不同，留心保护孩子的自尊心，尤其是对孩子的闪光点要多多鼓励，可以让孩子对自己越来越自信。

生活向来不易，我们成人都很难接受变化。对心灵还稚嫩的孩子来说，消化和适应各种各样的变化更是艰难的过程。理解大宝，多一份耐心，相信对他的成长会带来好处。

现在我的两个女儿已经成了形影不离的好朋友，什么事情她们都愿

意一起做。她们对彼此的需要，甚至逐渐超越了对爸妈的需要。每每看着她两相亲相爱的样子，我都会很感动。

我相信手足情是一枚坚毅的种子，迟早会在两个孩子的心里生根发芽。

姐姐 Suki 带妹妹 Sula 一起玩耍

03　一招应万变的"拟人演绎法"

带娃的这几年来，我觉得自己已经快要进化成配音大师了。我能给孩子身边的万事万物配音，并让它们充满个性和孩子们对话。在很多需要教育孩子的情形下，成人的声音不能被孩子听进去时，我就会开启这个通道，让自己妈妈的身份暂时消失，而通过"被赋予生命的物体"把自己想说的话、想进行的管教传达给孩子。

如果你常做这个游戏，就会惊叹孩子和成人的心理真的不一样。如果孩子正在情绪的旋涡中，这个招式即使没能在当下彻底缓解孩子的情绪，也能给他们情绪释放的出口。

这是一个特别有趣的现象——孩子们明明知道是我在给周围这些事物配音，但她们就是能全心相信和接纳这些忽然出现的角色，并投入地和它们交流起来。无论是她们身边的动物、植物、玩具、图片，还是瓜果蔬菜、食物桌椅……任何事物，只要被我配了音，她们都会立刻接受对方的生命存在而开启对话模式。

2～4岁的孩子都普遍存在一种独特的心理——泛灵心理，这是孩子把所有事物都视为有生命和有意向的东西的一种心理倾向。

因此，我会特别抓住孩子这个时期的心理特征，利用它对孩子进行家庭教育的引导，尤其是在孩子不愿与成人直接对话的时候。

孩子往往会觉得对他们进行高高在上的说教的成人与他们不平等，这时使用"拟人演绎法"，让身边那些可爱的小生命与他们对话，孩子就会以完全不同的心理感受去接纳。

下面就让我具体举例说明，在不同的情景我赋予不同的物体以生命角色，向孩子传达不同的信息。当然，以下写的对白只是个例，角色可以多种多样，情节也可以千变万化。

但进行"拟人演绎"最重要的一点是：配音时，一定要脱离成人平时的口吻和声音！要采取滑稽的、和本人完全不同的嗓音去演绎，如果有多个物体角色，还要尽量用不同的声音，显示不同的角色性格，这会一下子吸引住孩子的注意力，让他投入到我们所塑造的情节中来。

情景一：孩子和其他小朋友抢玩具

孩子抢玩具，原因有两个：

（1）他不知道其他处理冲突的方法。

（2）他不能够体会他人的感受。

要帮助孩子解决这个难题，利用"拟人演绎法"特别有效：让孩子和玩偶多模拟争抢和冲突的情形，一遍遍地探寻和体会不同的解决方式；我们要鼓励孩子安慰受伤难过的玩偶，帮助他们产生同理心。

妹妹在一岁多的时候特别霸道，总是抢姐姐的玩具不还，有时还会上手推姐姐或者抓姐姐，经常把姐姐弄哭。但她在和我无数次的玩偶"拟人演绎"中，学习到如何分享和同情。

我具体是这样做的：

妹妹一个人在玩玩具的时候，我用长颈鹿玩偶过来搞破坏，长颈鹿在我手里活灵活现地动起来，还拥有了滑稽的卡通音。

"长颈鹿"抢了妹妹手里的玩具。妹妹大喊"不！"，然后把它推开。

"长颈鹿"倒在了地上，开始哭起来："哇哇哇，好疼！你把我推倒了，我摔到屁股了，屁股疼！"

妹妹看着它有点迷茫，"长颈鹿"就继续说："我刚才摔倒的时候，屁股蹭到椅子边上，红了，很疼，你来看看。"

妹妹掀起它的裙子看看。"长颈鹿"说："我好难过，你把我弄疼了，你知道我很伤心吗？你可以抱抱我，揉揉我吗？"

因为长颈鹿是妹妹最喜欢的玩偶之一，妹妹就会觉得它这样很好笑，于是过去抱它、安慰它，揉揉长颈鹿摔疼的屁股。

"长颈鹿"说："对不起，我不该抢你的玩具。我们轮流玩好吗？你先玩，我看你玩一会儿，等你不玩了，再给我玩好吗？"

妹妹点头，开始玩自己的玩具，"长颈鹿"在一旁盯着看。当然妹妹没玩几秒钟，就把玩具让给"长颈鹿"玩了。

"长颈鹿"很高兴地说："谢谢你！你和我分享玩具，我们是最好的朋友！"然后它欢快地跳起舞来。

用玩偶演绎故事来培养孩子的同理心

我们用不同的玩偶、不同的情节，一次次地演绎各种冲突、争吵、伤害与和解，因此妹妹开始能想象自己抢玩具甚至动手推人时，对方是什么样的感受，这是她开始产生同理心的起点。

她也开始了解其他解决冲突的方式：道歉、和解、轮流玩、分享、一起玩。现在，她的分享精神满满，每次拿着姐姐的玩具玩了几分钟，都会主动地还给姐姐，有好吃的东西，也一定给姐姐拿一份。

情景二：孩子不肯收拾玩具

晚间游戏结束后，孩子们要上床睡觉了，我会要求姐姐和妹妹把玩具收拾好，她俩却充耳不闻。

于是，我用粗声给桥形的积木配音："啊～嚏！好冷啊，她俩就这么把我扔在地上，看来今晚回不了家了，得露宿了，呜呜呜……我好想念我的积木伙伴啊，尤其是黄色半圆形，它和我最好了，正好能嵌在我的肚皮底下，今晚我们就不能相聚了，我好难过……"

我再用细声给芭比娃娃配音："你有什么可抱怨的？你至少还躺在地毯上呢，你看我啊，我眼睁睁地看着对面柜子上舒服的娃娃屋，今晚却要睡在桌子腿儿旁边。我身边还有一大块吃剩的饼干渣呢，臭死了！我躺在这么冰冷的木地板上，她们居然还把我的裤子脱了，我就要这样过一晚上，唉……"

演绎到这里，姐姐和妹妹通常会笑得歪七扭八地过来给芭比娃娃穿上裤子，并把它放回娃娃屋，再把桥形积木放入盒子里。

情景三：孩子不肯吃饭

一天晚上，我们吃炸鱼块和青豆。她俩坐在那里只顾嬉笑，半天不吃饭。于是"炸鱼块"和"青豆"讨论了起来。

"炸鱼块"粗声说："她才不会吃你呢，你看起来又小、又绿、又难看。"

"青豆"尖声说："我也根本不想她来吃我，你看她的大嘴巴多可怕啊，不要吃我，不要吃我。晚上我们几十个好伙伴还要去参加舞会呢！我们都很会跳舞，你知不知道？"

姐姐听了觉得很好笑，她用两根手指捏起一颗青豆。青豆尖叫起来："不要吃我！我不好吃！你要是敢吃我，我就在你嘴巴里跳舞了哦！"

姐姐咯咯笑着吞下一颗青豆，青豆"啊"的一声掉进入了她的嘴巴。然后姐姐肚子里的青豆悲伤地对"炸鱼块"说："你快跑啊，虽然你又傲慢又讨厌，但如果你被她咬成两半，就再也没法参加舞会了……"

炸鱼块还来不及逃跑，就尖叫着被得意的姐姐咬下了一半。盘中的青豆全都瑟瑟发抖："放我们走！那个大嘴魔王太可怕了！让我们去参加舞会吧！"

可是大魔王姐姐毫不留情地把它们全都吞进了肚子里。

情景四：孩子不肯睡觉

到了睡觉时间，我叫了半天妹妹，她也不肯上床，还在屋里走来走去。于是，妹妹最爱的芭比娃娃上场了……

"芭比娃娃"是一个很爱撒娇、很任性的家伙，它坐在床边上生气地挥胳膊、摇头，尖声说："你走来走去的干什么，你怎么还不给我铺床啊？我都忙碌了一整天了，我！要！睡！觉！"

妹妹赶紧过来哄她最爱的芭比娃娃，用一块蓝色的小方巾给它盖被子。

"芭比娃娃"说："哦，我不要这块蓝色的被巾，我要黄色的嘛！你给我盖好。"

接着"芭比娃娃"撒娇道："我要亲亲，要抱抱，要一起睡嘛！"

妹妹动作有点慢。

"芭比娃娃"恼怒地说："啊，你怎么不理我？哇哇哇，好困啊！"（"芭比娃娃"在我的演绎下使劲踢腿揉眼睛，哇哇地哭。）

Sula 哄玩具娃娃睡觉

妹妹乐不可支地过来抱它，每天晚上哄芭比娃娃睡觉是她的义务。

"芭比娃娃"说："我要躺下睡，你抱着我躺下睡嘛，不然我睡不着！我要和你盖一条被巾！"

于是，妹妹为了哄任性的"芭比娃娃"，抱着她躺在了床上，还一起盖上了小被子。

情景五：孩子情绪崩溃

孩子在情绪激动的时候，我也会采用拟人法，虽然她们不会立即停止哭泣，但往往会吸引孩子的注意力，让她们听到我说的话，由此感觉变好一点。

比如姐姐大哭时，如果她手里有一样玩偶或物品，我就会配音说："啊！你的眼泪怎么这么多啊，都流到我的嘴巴里去了，好咸啊。啊！不！现在都流到我眼睛里了！我看不到路了怎么办。我也要哭了，哇哇哇哇。我的眼睛里都是水……你哭得让我好难过，我陪你哭好吗？哇哇哇……"

这时姐姐往往会哭得更大声，但她会紧紧抱住玩偶，能感觉得出她的愤怒感被稀释了，暴风雨很快就会过去了。

现在，孩子们已经特别熟悉我的"拟人演绎法"了，我也特别清楚她们的笑点在哪里。我经常还没开始编故事，只给事物角色一个惊讶或者打哈欠的声音，她们都能笑得前仰后合。

当然，她们经常主动参与到演绎中来，用她们手中能拿到的任何其他玩具与我配音的事物对话，想象出一连串的情节和对白。

在孩子的眼睛里，每一样事物都可以有生命，它们都是和自己平起平坐的可爱成员。通过它们的嗓音，成人高高在上的角色就消失了，但我们说的话都通过拟人被孩子们听进了耳朵里。

这就是拟人的力量！

第二部分

理解天性，

用安全感为孩子赋能

给哭闹的孩子足
够的安全感

01 面对哭闹，不妥协的安抚好过一味顺从

如果有一个像我家老大姐姐这样乖巧好商量、善解人意的宝宝陪伴左右，假期确实是一件值得期待的事。但如果家里有一个像我家老二妹妹这样的高需求宝宝，那么假期充电就是幻想了。现实是我们时不时就会踩雷，光是安抚她的情绪，就得用掉全家人好大一块能量储备。

妹妹一哭，全家崩溃。而且二公主妹妹的肺活量极好，哭起来的声音很大，脾气很倔，越哄她，她哭得越猛。她每次一哭，姐姐都得捂着耳朵求饶："求求你别哭了！太吵了啊！我的玩具都给你好吗？"

姐姐就这样全盘放弃了自己的各种福利，只为求一个清净。

和孩子们的脾气作战多年之后，我的耐心坚韧了很多。现在老二妹妹面对的是一个更像"棉花糖"的妈妈。当然，如果我半夜被她弄醒，听她哭一个小时，还是会感觉生无可恋。但是白天的时候，我已经能比较好地稳定自己的情绪并安抚她了。

不和孩子生气，不对孩子怒吼，就是对她的各种无理要求妥协吗？当然不是。我给自己总结了一套应对方式：爱护自己的心情，安抚哭闹

的宝宝，但原则是不妥协。

整个过程，是这样进行的：

1.预判可能引起不良情绪的情景，提前准备，尽量避免

孩子每天都会提出很多要求，通常爸妈对不合理的要求说"不"的时候，孩子是可以接受的。但是当孩子身体累或者饿、情绪状态本来就不好时，就特别容易因为爸妈的拒绝而崩溃。

比如两岁的姐姐在从幼儿园回家的路上，她已经很累很饿了，如果我拒绝给她买糖，就会引发她当街倒地哭嚎30分钟。

后来在接她时，我会在书包里揣一包小饼干，其中的糖分可以消除她的一点疲劳，也可以解饿，这样就能减少她在回家途中发脾气的状况。

宝宝很容易因为饥饿和疲劳发脾气

2.不要因为孩子的尖叫哭喊而改变原则

爸妈再怎么心思缜密，高需求宝宝还是会有失控发脾气的时候。我们要理解孩子因为身体不适而引起的情绪，但不能改变自己的原则，轻易答应孩子的不合理要求。比如，我只要说了不能去商店买棒棒糖，她再怎么打滚哭喊，我也不会进去买；我说了不能用冰激凌代替晚餐，她再怎么哭嚎也不会得到冰激凌。

如果因为孩子有了情绪就妥协，她就会把发脾气和实现不合理要求画上等号，这样以后遇到同样的情境，他们就会想要用发脾气的方式逼迫爸妈妥协。

3. 不要因为孩子的崩溃哭喊而怒吼、训斥

吼叫的行为没有任何建设性，反而对自己的伤害最大。我以前体验过偶尔对孩子进行吼叫，觉得真的会把自己逼出内伤来。而且被吼叫后的孩子会更难安抚，会哭得更凶。

愤怒这种情绪，不会因为发泄而消散，反而会因为发泄而增长。发火的情绪会让自己伤得最深，唯一的方法是在发火之前就掐灭它。

4. 不在孩子崩溃哭泣的时候和她讲道理

生气发狂的孩子是由情绪脑控制的，此时她前额叶的理智脑根本不起作用。这个时候跟他们讲道理根本没用。爸妈在此时跟他们讲道理，只会让自己的声音比孩子更大，更容易失去耐心而最终转为发火。

孩子在发泄情绪的时候，是让他们感受和体验自己情绪的时机，而不是灌输道理的时机。

5. 不因为孩子的哭闹而走开

孩子崩溃发狂的时候，其实是非常敏感的，她一边想要挑战爸妈的底线，一边又特别想要爸妈的关注。如果这个时候爸妈自己走开，任由孩子在那里哭，孩子会特别害怕，会有被抛弃的感觉，也会觉得自己的情绪是不被接纳的。他们会更加激动，更加没法使自己安静下来。

不过，当孩子打人的时候是另一回事。妹妹一岁时会打我和抓我头发，我就会清楚地告诉她："如果你打妈妈，妈妈就会走开。"她哭喊着来找我，我就会回到她身边。但只要她有打人的动作，我就会用身体语言清楚地告诉她我会走开。

我们要让孩子知道：如果你伤害别人，即使是亲近的人也会走开；但如果你只是难以控制情绪，那么我可以陪着你，等你平静下来。

6.给孩子合理的、有安抚感的选项，但接受孩子的拒绝

不能骂，不能讲道理，又不能走开，那是要消耗爸妈所有的耐心吗？到底怎样安抚哭喊的宝宝呢？

在不改变原则的情况下，我会提议给孩子一些能够让她感到有安抚感的东西。比如，我不同意去商店给姐姐买糖，我会提议回家给她最喜欢的杧果和长颈鹿；爸爸不给妹妹吃冰激凌，我们会说："你饿的话，给你吃个苹果吧？牛奶你要吗？"

此时给孩子提出有安抚感的合理选项，不是为了有立竿见影的结果。很多爸妈在这个时候被孩子拒绝，就会失去耐心。但事实是，孩子激动是为了赢得自己的意志力，这是一场心理战。因此无论你给的选项多么合理，在绝大多数情况下，孩子都会立刻拒绝，她想要表明的是他们作为独立人的意志。

两三岁的孩子还不懂得好好商量，他们只会本能地为自己的独立意识觉醒而呐喊。我们不要在这个阶段失去耐心而对孩子发火，因为孩子拒绝你的提议几乎是必然的。

7.孩子拒绝了选项以后，进入"静止人"模式

这是最难的部分，但也是意志力拉锯战的部分，有时这种对抗要进行20分钟甚至2个小时，是对爸妈耐心的巨大耗损。这几年来的经验总

结告诉我：当给孩子提出了"安抚选项"之后，就最好进入"静止人"的状态，不再互动！

如果你对一个情绪激动的孩子做出任何互动，她都会像按了按钮一样狂躁起来，猛烈挑战你的耐心和底线，撼动你的权威。

经过无数次的磨炼，我的"静止人"模式已经能够切换得非常自如了。为了更娱乐一点，我还会假想自己是个等待正确指令的人工智能机器：除非孩子给出清晰的、符合原则的合理指令，否则我就是一个不说话、不走开、不互动的机器人。我没有表情，也没有情绪，我学会了让自己的情绪与孩子隔离，因为我想象着机器人是不会认为对方在和自己生气的。

妈妈在旁边，孩子会觉得安全，她知道妈妈随时等待她的合理指令，但也知道妈妈绝不会对她的不合理要求妥协。经过很多次的刻意练习，我会主动把大脑思绪和当下环境切断：孩子在旁边哭，我就默默地思考今天该做的事，回忆正在读的书的情节，有时甚至开始构思自己要写的文章！

因为知道自己没有做错什么，也给了孩子安全陪伴，我就能心安理得地让自己的思绪抽离，越抽离就越不容易烦躁崩溃。情绪上的抽离，并不是抛弃孩子，我的身体还在那里，我在等待着她平静下来，等她给出合理的要求。

这个阶段，不互动是重点。一旦互动，就会给她的斗争以平台，孩子就更难平静下来，自己也更容易陷入与孩子对抗的情绪中，更容易发火生气。

8.在孩子给出合理指令时，立刻执行

如果妈妈陪在旁边，又没有互动，孩子的意志力会慢慢削弱下来，

情绪会慢慢得到安抚。她会开始考虑你之前给出的合理选项：也许喝杯牛奶也不错，也许回家吃杧果也不错；或者她自己会提出一个合理要求。

因为是意志力的斗争，她的要求听起来会像是在发脾气，比如她可能说："除了喝牛奶，还要妈妈唱歌！"或者"除了回家吃杧果，还要妈妈给讲故事！"但孩子其实只是想给自己的情绪一个台阶下，让自己看起来是胜利的。

这个时候，我们不要计较孩子说话时的态度，因为她其实还有情绪。她已经在努力控制自己，并学习怎么去妥协，也学习去思考哪些选项是妈妈可以接受的合理要求。

爸妈如果能在孩子放弃不合理要求，提出合理要求以后立即执行，孩子就会感到自己的意志力受到了保护，知道爸妈还是在乎自己的感受的，会因此很受安慰。

9.在孩子完全快乐起来之后，再一起回忆和讲道理

我们在满足孩子的合理要求后，孩子会看似平静下来。但此时不要立刻去回忆她发脾气的事。她需要一段时间恢复情绪，回忆和讲道理可能会再次引起一轮不安和愤怒。

我们要观察孩子的心情，在她完全开心起来、忘记了不快的事情之后，再一起回顾此事。清晰地和孩子讨论事情的起因、经过，让孩子明白自己的情绪是什么，什么情况下的什么要求是不合理的，什么是可以接受的，如何用语言说出自己的需求。

这一套应对高需求宝宝的行为方式，是我总结了多年的经验提炼出来的。我用这个方法安抚了孩子，保护了自己的情绪，又坚持了原则。

但愿我们都能在关键的时刻自如开启情绪的抽离模式，这个能力真

的很重要，可以不让自己的心情卷入到别人的情绪漩涡中。如果一开始觉得很难，随着有意识的刻意练习，会越来越容易做到。

02　分离焦虑与"安全型依附"

很多半岁到两岁的宝宝，对妈妈都有着强烈的依恋。

我经常听到妈妈们诉苦："自己什么都做不了，走开一步，宝宝就哭着找妈妈，我的宝宝是不是很没有安全感啊？要怎样才能加强孩子的安全感呢？"

大多数妈妈也都特别羡慕那些能够独立玩耍的婴幼儿，妈妈离开时，孩子不哭不闹不找妈妈，陌生人在场也没关系。这样的宝宝，被我们称作"有安全感""独立"的孩子，这样的母婴关系是很多妈妈们渴求的。

但真的是这样吗？在约翰·鲍比（John Bowlby）的理论中，你或许会听到不同的声音。约翰·鲍比认为，成年人情感中的心理障碍，大多始于童年时期的情感挫折，而其中的决定因素就是孩子在婴幼儿时期与母亲的依附关系。

母亲与孩子的情感联系越紧密，越能帮助孩子形成健康的人格，即"安全型依附"，这种无微不至的关照并不会把孩子宠坏。相反，如果孩子对于母爱总是处在患得患失的焦虑中，就会时而精神焕发，时而绝望至极，形成"焦虑型依附"，并会把这种心理上的焦虑带入成年，形成潜意识中的情感障碍。心理学家玛丽·爱因斯沃斯（Mary Ainsworth）在验证依附理论时，做了这样一个实验——陌生情境（Strange Situation）。

　　她通过20分钟的观察，就能将一个一岁左右的幼儿的依附心理进行分类，判断出孩子是安全型依附还是焦虑型依附，并推测出孩子与母亲（或主要照顾者）的关系是怎样的。

　　有些孩子是和祖辈或者其他家长产生这种依附关系的，所以实验中的妈妈，也可以由孩子的主要照顾者代替。

　　她的实验过程是这样的：妈妈与幼儿在实验的房间里游戏、玩玩具。房间进来一个陌生人，妈妈停止与孩子游戏，与陌生人攀谈几分钟，然后妈妈离开房间。陌生人与孩子独处几分钟，如果孩子有点不安，陌生人与他安抚互动。妈妈回来片刻，安抚一下孩子，再次离开。陌生人也离开房间，只剩下孩子一个人，约3分钟。陌生人回到房间，安抚孩子。妈妈回到房间，安抚孩子。陌生人离开。

　　整个实验约20分钟，玛丽·爱因斯沃斯主要观察孩子的这两个方面：在整个过程中，孩子在玩耍和探索上的专注时间；孩子对妈妈离开与回来时的反应和态度。

　　那么，不同的孩子在实验中都呈现出了什么不同反应呢？从这些不同反应，又能够引出怎样的结论？玛丽·爱因斯沃斯的诠释，很可能与你想象的不一样。

安全型依附（Secure Attachment）

　　玛丽·爱因斯沃斯认为，真正与母亲（或主要照顾者）有着健康的依附关系的孩子，举动有这样的特征：只要妈妈在场，孩子就能愉快自由地探索和玩玩具，通常也乐于与陌生人互动；但只要妈妈离开，孩子往往会有不同程度的焦虑甚至哭泣；当妈妈回来以后，孩子会立即与妈妈互动，情绪会很快恢复。

姐妹俩的幼年时期我都给予了极多的陪伴

比起陌生人，孩子明显更乐意和妈妈在一起。这样的孩子在依附理论中被认为是有健康的安全感的依附心理。

焦虑–回避型依附（Avoidant Attachment）

此类型的幼儿，在妈妈在场或者离场时，没有表现出特别不同的情绪，妈妈离开时没有很焦虑，妈妈回来时也没有很开心；孩子对待陌生人的反应和对待妈妈的差别也不大；孩子对于探索玩具的兴趣也不是特别强。

玛丽·爱因斯沃斯认为，这样的幼儿并不是"有安全感"和"独立的"，反而是属于"焦虑–回避型依附"。她认为孩子形成这样的反应，主要是因为母亲不经常与孩子互动，时常冷落孩子，没有太多耐心陪伴孩子玩耍，因而孩子与妈妈缺乏深刻的依恋，而形成焦虑－回避型依附。这样的孩子在成年以后，经常显出冷漠、拒绝情感联结的特征。

焦虑-反抗型依附（Resistant Attachment）

此类型的孩子，对陌生人很敏感，即使妈妈在身边，面对陌生人时仍然会感到焦虑；当妈妈离开时，孩子会沮丧甚至哭泣；可是当妈妈回到身边，孩子的情绪也很长时间难以恢复，明明需要妈妈又充满愤怒，想要得到妈妈的关注却又反抗。

玛丽·爱因斯沃斯认为，孩子形成这样的反应，主要是因为母亲（或者主要照顾者）的照顾能力差，不懂得如何满足幼儿的需求，经常有不一致的态度和行为，因而孩子形成了"焦虑－反抗型依附"。这样的孩子在成年以后，经常显出患得患失、焦虑不安、缺乏信任的特性。

婴幼儿是否有安全感，并非是由他们是否能独立玩耍或与陌生人泰然相处而体现出来的。那些与妈妈有着深刻的依附和依恋的婴幼儿，往往在成年以后，心理上有着更牢固的安全感。

宝宝两岁以前是与妈妈（或主要照顾者）建立依附关系最重要的时期，对孩子一生的心理成长有着重要的作用。这种依恋并不是没有安全感的表现，反而是孩子建立一生的安全感的基石。

妹妹小时候很黏妈妈

幼年时期和妈妈情感联结紧密的孩子，心理需要能够被充分填满，长大了才能更轻松而愉快地面对世界的挑战。而那些早年与妈妈的依附关系没有充分发展的孩子，在成年以后更容易焦虑、胆怯、愤怒或冷漠。

如果你身边有一个考拉似的黏妈妈的宝宝，不用急于把他推开，不用要求他独立和大胆。在这个时期，我们要放心地给孩子的安全感充电。等孩子准备好之后，他自然而然就会相信自己的能力，展翅飞翔。

一定有很多妈妈会因为各种各样的原因，没有充分的条件陪伴孩子，导致孩子或多或少出现了"焦虑型依附"的反应，此时也不要过于紧张和自责。在很多国家的文化中，母亲在孩子婴儿时期就离开去工作，而依附理论也过于武断地判定"安全型依附"就是最佳的依附类型，却忽视了理论和社会现实的矛盾。

但是了解依附理论，能帮助我们对孩子更有同理心，更有耐心。在孩子的幼年，尽力与孩子建立感情纽带，及时满足孩子的心理需要，与孩子游戏，保持自己情绪的稳定和对孩子的关怀。这样的努力，肯定会帮助到孩子的一生，并在他的内心构筑牢固的安全感。

2

相信孩子可以做到

01　给孩子设置硬边界的自由环境

当提到不听话的宝宝时，你是不是认为问题都出在孩子身上？让我们换个思路，先检验一下我们给孩子设置的行为环境是否有问题。

让我随手画两张图来解释什么是"行为环境的设置"。

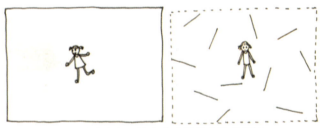

硬边界的自由环境和软边界的多障碍环境

能看出它们的区别吗？第一张图，我称它为硬边界的自由环境；第二张图，我称它为软边界的多障碍环境。图中的"边界"与"障碍"，就是我们为孩子设置的行为规则。

硬边界的自由环境

在这种环境中，孩子的行为边界比较远，边界坚固不容改变，但边界之内充分给予行动自由。

孩子是非常渴望了解边界的生物。从一岁多开始，他们的自我意识会滋长，变得脾气很大，总想要做那些大人

两三岁的孩子不断地触探行为的"边界"

不允许的事。这其实都是他们在探索行为的边界。只有掌握了自己的行为边界在哪里，他们才会有安全感，更容易找到自己的角色和位置。

在边界之内，要尽量给孩子自由，不要过多地设置障碍，不过多地否定孩子。因为孩子接受并熟悉边界的位置，她就不会一次次地撞墙试错，而是把注意力放在自由自在的空间中。在边界之内，她没有过多阻碍，尤其是在探索过程中不会总是听到否定的声音，她就会开始增长自信，滋长独立意识，也会懂得去尊重边界，从而找到自我意识与行为边界的平衡。

软边界的多障碍环境

软边界会产生什么问题呢？边界似乎是存在的，有时的确会发生效力，但有时自己对抗一下，边界似乎就变软了，出去也是可以的。长此以往，每次触及行为边界问题时，孩子都会对抗一番，因为搞不好自己就能把边界推翻！边界总是变化不定，孩子会缺乏行为的安全感和确定

性，也更容易引起哭闹对抗。

多障碍又有什么问题呢？孩子不清楚边界、底线在哪里，似乎走到哪里都会遇到阻碍和否定的声音。探索的过程没有充分自由，总是受到"不许碰""不可以""你不行"这样的阻拦。这样的行为环境就给孩子塑造了一个不确定的心理环境：孩子对规则的边界感到困惑，又觉得处处碰壁。这样的孩子要不就小心翼翼，缺乏探索的动力和信心；要不就是探索的欲求不满，总是想抗争而频频制造冲突。

我们总认为我们的孩子不听话，但仔细想想，有时是不是因为我们对行为规则的边界设置得不够清晰简单，而随机的行为障碍又设置得太多，才引起了他们的反抗呢？

如何设置硬边界的自由环境

每一个家庭的行为硬边界都不一样，我们要向孩子展示清楚行为的硬边界都有哪些。

硬边界通常包括两类：

一是常识类。比如打人、抢别人的东西、不经询问拿走别人的东西、公共场所没礼貌；涉及安全的行为，比如玩尖利物、玩火与电门，等等。这种属于社会和安全行为规则的常识底线，孩子如果触及了，就得按照规则坚定执行。

二是合约类。是父母与孩子事先商议好，而达成清晰合约的边界。比如每天看电视时间有多长、几点钟睡觉、允许吃几块糖，等等。合约，同样也是硬边界，要让孩子明白约定必须去遵守，不随自己的态度而改变合约。

设置硬边界，关键是不能过多、太过琐碎，也不要有太多变化。孩子的脑记忆容量很有限，硬边界需要一次次地重复，一次次地强化，他们才会接受和尊重，而逐渐变成生活方式的一部分。

反过来看，不触及边界的行为，我们要学习放手，给孩子自我发现、自我塑造的自由，不要设置过多的障碍。而如果我们希望孩子拥有某个更好的行为，尽量用启发、引导的方式，让孩子在自己的自由空间里充满了自主感、独立感和责任感，可以为自己负责。给孩子一个边界清晰的空旷房间，不听话的冲突和抗争一下子就会减少很多。

对孩子触及边界的行为，拒绝吼叫与唠叨

在设置边界后，对于孩子触及边界的行为，父母应该避免大声吼叫和唠叨不止，因为很多时候，这两种做法都是没有意义甚至起反作用的。

（1）吼叫与唠叨的无效力。在孩子触及行为边界又抗拒时，我们都会烦躁。如果孩子特别不听话，我们就很想发怒、大吼、或者就是不停唠叨。

我们都不是完人，我也一样会有这类情绪。但该如何理性地去处理这些矛盾呢？明白吼叫和唠叨的无效力，我们就会在情绪爆发时有意识地不被它牵引。

（2）吼叫让父母的感觉更糟。丹尼尔·戈尔曼（Daniel Goleman）在《情商》里说："宣泄愤怒是平息怒火最糟糕的途径。愤怒的爆发通常会唤起情绪脑，使人感到更加愤怒，而不是减少愤怒。宣泄愤怒对平息愤怒几乎没有任何作用。"

当不听话的孩子把爸妈激怒，爸妈对着孩子吼叫，这样会激发更多的怒气，会让父母感觉更糟。之后，往往伴随的是深深的失控感和罪恶感。

（3）吼叫让孩子感觉受到关注。孩子会本能地寻求父母的关注。无

论是快乐的爸妈还是生气的爸妈，引起关注是孩子的本能需要。所以吼叫，在很多情况下，会强化孩子不被父母认可的行为，他知道一做这件事，爸妈就像按了按钮一样一蹦老高。这让孩子感觉自己能够控制成人的关注。

（4）吼叫让会某个行为边界充满了负能量。触及到边界时，本来是想引导孩子选择正确积极的行为，可经常出现的吼叫会让孩子从心理上对这件事充满了负面情绪和负能量。

这是我们特别要注意的：想要引导孩子有积极行为的地方，就尽量不要将之牢牢地与消极情绪相连，否则之会让孩子产生负面的心理烙印。

（5）唠叨削弱父母的权威性，让语言变得无力。父母总是在唠叨孩子，说了却没有行动，只会让孩子感到厌烦。而更不妙的是，会让父母嘴里说出的话语失去效力，让孩子觉得可听可不听。除非父母唠叨到发怒，这样又引起一波负面情绪的循环。有时沉默，往往比唠叨有力得多。

当孩子的行为触及到边界了，到底该如何应对呢？

（1）首先硬边界要清晰和固定，不能总是因为孩子的态度而变化。多变的边界和规则，会让受到拒绝的孩子感到困惑和愤怒。一旦孩子知道这是可以推倒、可以通融的软边界，他就会通过哭闹发脾气等方式和父母抗衡，直到自己的意志力胜出为止。

（2）父母要用行动来捍卫边界，而不是用语言威胁。孩子在行为上触及了边界，吼叫和唠叨的效力都很有限。真正有效的，是父母行动上的果断和坚决，让孩子承受触及边界所带来的结果。比如，孩子在游乐场打人了，就要要求他离开。触及了打人的边界，就不许再玩了，这就是行为的结果。

再比如看电视这件事，合约已经说好了看完一集自己关电视。一集之后，孩子如果不肯关，那么爸妈一定要坚决关电视，即使孩子哭闹也不要更改合约。一旦孩子明白父母会用行动来执行合约效力，他很快就会学着接受。比如我家姐妹，一开始因为关电视闹过一两次，现在她们都是看完了电视自己就会按关闭键。

父母要保持平静而坚定

02 专注与心流，可以矫正孩子所有性格缺陷

冥想已被科学证明了其对大脑的积极作用，是一种调节大脑的方法，它让人感到平静、专注、满足，冥想会可见地使一个人的大脑更趋近"幸福的大脑图案"。

姐妹俩所在的学校，老师偶尔会带领学生们冥想。但年幼的孩子其实做不到什么也不想，她们在放松的音乐背景中，由老师的语言带领，去想象一个令人愉快的画面，比如在花园里散步或者在海边玩耍的情景，由此获得平静的情绪，再展开一天的学习。

冥想需要大脑能够停止不自觉的纷乱思绪，成人都不容易做到，对孩子来说，要求就太高了。想让孩子感受类似于冥想一样的平静和满足，应该引导她体验全神贯注的快乐，引领她进入"心流"。

我特别赞同玛利亚·蒙台梭利在《有吸收力的心灵》这本书里提到的"儿童性格塑造法"，她说："集中注意力，可以矫正孩子所有的性格缺陷"。而她这里所说的"集中注意力"，不是被动的专注，而是主动的"心流"。

孩子天然就有获得心·流的能力

"心流"这个概念，是"积极心理学"奠基人，心理学家米哈里·契克森米哈赖（Mihaly Csikszentmihalyi）在40年前提出的。"心流"指的是我们在做喜爱和重视的事时，那种沉浸、忘我、幸福的心理体验。在2005年，契克森米哈赖教授和他的同事做了一项研究，把蒙台梭利学校的学生跟传统学校的学生作比较，他们发现，蒙台梭利学校的学生会心流体验更多，更加快乐，内在学习动机更强，而且注意力更加集中，孩子在体验专注和心流时，会得到极高的幸福感，从而发展出所有的性格优势：自信、求知、合作、友爱和宽容。

特别值得父母了解的是，孩子天然就有获得心流的能力，并且能在这样的过程中治愈自己。

在养育偏小孩妹妹时，我有很深的体会。妹妹固执、敏感，性格里自带反叛元素，很容易情绪化。然而当她自主选择活动、并全神贯注地投入其中时，她就好像变成了另一个人，她平静、满足、自控，而且对自己所做的事感到非常骄傲，同时很有成就感。每当她在专注任务中精神得到满足之后，在生活上也会更配合我们，她的心情比较愉快，跟她讲道理也变得容易起来，我能够清晰感受到她性格里积极的一面在放大。

发现了这个治愈性格缺陷的良方，我开始有意且非常小心地保护妹妹的专注，一步步引导她进入心流状态。

性格缺陷来自于大脑的饥饿

蒙台梭利提到，学龄前儿童所受到的影响会改变他的一生，但如果一些缺陷被忽视，这些缺陷就可能会保留下来，形成性格的一部分，对心理和智力产生影响。这一时期，如果成人的做法忽视了儿童的这种需要，儿童的大脑就会处于"饥饿状态"。这个"饥饿的大脑"是许多性格问题的根源。如果我们对儿童的创造性活动有所了解，那么这些问题就会迎刃而解。

这个扇形图，展示的是儿童正常和不正常的性格特征。

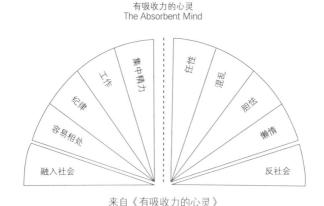

有吸收力的心灵
The Absorbent Mind

集中精力 / 工作 / 纪律 / 容易相处 / 融入社会

任性 / 混乱 / 胆怯 / 懒惰 / 反社会

来自《有吸收力的心灵》

有一个非常惊人的现象：一旦孩子开始集中精力做某件事，分割线右面的任性、混乱、胆怯、懒惰、反社会等性格缺陷，都会隐去，只剩下分割线左面的集中精力、投入工作、遵守纪律、容易相处、融入社会等性格优势。

孩子性格缺陷的消失不是成年人的功劳，应该归功于儿童自己，但成人需要提供这样的机会和环境，让孩子通过集中注意力，用手做事情来完善自己的人格，这样孩子的性格才能得到正常的发展。

Sula 在弹钢琴的时候很专注

父母如何帮助孩子发展专注力、体验心·流？

1.提供专注的环境

能够唤起儿童注意力、并启发他们自主完成的游戏，蒙台梭利称之为"工作"。

儿童性格的正常发展来自于"专注于某项工作"，因此，我们必须有目地为孩子提供一些行为所需要的工具，满足他们兴趣的需要。物件的选择应该以兴趣和完善儿童的个性为原则。

成人的错误做法之一，是为孩子做好了所有事情，而不让他们自己做事。如果孩子缺少创造性活动，就会难以充分发展专注和心流的能力。纠正这个错误，父母最应该做的，就是为孩子提供有趣的、可以自主参与的环境，父母不必为孩子提供不必要的帮助，当孩子自发地开始做某件事时，尽量不去打断他，精神饥饿就会自然地被治愈。

心流是一种幸福的体验，作为孩子，想要一次次地体验这种快乐，因此就一次次地返回到创造活动中。这就是养育孩子的正向循环。

2.留白空间

成人的错误做法之二，是把孩子的时间安排得太满，给孩子提供了各种培养专注力的活动，却不给孩子自主选择的机会。比如最常见的父母的做法，就是增加孩子的练习时间，每天写作业、弹钢琴、阅读，坚信这些活动都能够培养孩子的专注力。但事实上如果不是孩子自己的选择，孩子也没有全身心地享受其中，那么孩子有可能学会"被动专注"，但却达不到"心流"，体验不到专注中极高的幸福与快乐。

要想体验心流，孩子就需要有掌控感，能够按照自己的心意决定事情。所以除了父母安排的练习以外，每天一定要给孩子自主掌握的留白时间，让孩子自己去选择想要做的事情，快乐地沉浸其中，满足大脑的"饥饿感"。

还有一种留白，是在刻意练习中，多让孩子自己决定怎么学、学多久，孩子能够自主选择学习的形式，也会帮助他们进入心流状态。

比如在妹妹学钢琴时，我就完全由她自己决定每天什么时候弹琴、弹多久。因为有很大自由度，我发现她就很快找到了弹钢琴的热情，主动练琴的时间每天都在加长。她感受着专注的乐趣，并在其中体会着探索和进步的满足。

3.尽可能把学习活动游戏化

要想孩子在学习中进入心流状态，更有效的方法是将学习活动游戏化，这样既培养了孩子的专注力，又通过好奇与兴趣将孩子引向心流。

最近孩子们在学习声音的物理原理，老师调动了孩子的各种感官体验：在环境中记录、辨别、将各种声音分类；在学校里蒙上眼睛做"蝙蝠"的游戏，通过声音定位去寻找伙伴；孩子们还动手制作了纸杯连线电话，形象地体会声音的频率和传播。

这些游戏化、感官化的教学，都大大调动了孩子学习的动力和热情，让他们能充满兴趣、聚精会神地探索，体验专注的快乐。

如果想让孩子树立良好的性格并进一步完善自我，我们就必须遵循孩子成长的自然规律，并尊重孩子的兴趣与内在需要，培养孩子的专注力和心流，把潜藏于儿童内心深处的美好东西挖掘出来。

03　战胜入园焦虑，做幼儿园里的天侠

姐姐和妹妹都是一岁多入园的，这个年龄入园在英国很普遍。一开始她们的入园时间比较短，一周三天，每天两三个小时，后来时间逐渐延长。

我们都被孩子的入园焦虑暴击过，姐姐和妹妹都有大约两三周的时间，每天清晨都上演着"生离死别"。那是我非常痛苦的一段日子！大嗓门的她俩都是哭嚎起来摧枯拉朽的倔脾气类型。

每次我听着哭声走出幼儿园大门，都感觉心如死灰，觉得辜负了孩子。没有什么比这样开始一天更糟糕了！我一整天都无心工作，在焦虑

和不舍间彷徨，沉浸在怀疑和负罪感中，有时甚至难受得想哭。我还不停地给幼儿园打电话。那时我总在问自己：我的孩子这么小，我真的该送她去吗？我是不是太残忍了？

但是，熬过了心如刀绞的适应期之后，我忽然发现，这种"生离死别"的场面在两三周之后就消失了。姐妹俩之后不仅都爱上了幼儿园，还从中获得了友情和独立的能力，在语言与认知方面也有了长足的进步。

我这才知道：孩子抗拒的不是幼儿园，而是他们对未知世界充满了恐惧，对"失去妈妈"有假想焦虑。而这份恐惧，只有妈妈和孩子一起去面对和经历才能化解，没有其他捷径。

我看到不少妈妈给我留言，当孩子有入园焦虑的时候，她们都和我一样满心疑虑：认为是孩子年纪太小了，还不适合上幼儿园，如果把孩子"抛弃"在幼儿园，自己会充满自责。

事实上，入园焦虑并不一定是年纪小的缘故。很多幼儿园老师会告诉你，小宝宝很可能会适应得更快，因为她的注意力更容易被转移；反而是大些的宝宝，会更容易陷入在自己的情绪和假想里。

如果是因为孩子抗拒去幼儿园，就把宝宝再在自己身边多留一年，那么你必须考虑到：孩子大一些时再入园，你面临的入园焦虑问题不一定会更轻松。

事实上，英国的中产妈妈们大多是要出去工作的，最常见的情况就是宝宝一岁多就要去幼儿园，比起国内的情形，这个年纪真的是很小了。但是英国的妈妈们并不会因此充满了负罪感，也不会觉得自己自私。除了妈妈需要工作时间和个人时间的原因以外，更重要的是，好的幼儿园会有非常有益的早教功能，是滋养孩子童年的重要组成部分之一。

　　首先，孩子需要学习和适应妈妈不在场的环境，这是成长中的重要一步。

　　其次，幼儿园能够提供家里不容易实现的那些为幼儿设计的环境和早教活动，会帮助宝宝发展认知、理解世界、开发潜能，尤其是语言方面，会让她突飞猛进。

　　最后，幼儿园的环境可以提高孩子的社交技能和情商。在家阅读再多的绘本，也不如在与同龄伙伴的实际交往中，能让宝宝体会出更多的社交技巧。有了小伙伴，孩子才能体验冲突、矛盾和争斗，才能学习原谅、分享和尊重，才能懂得同理心和自我保护。孩子也需要与爸妈以外的成人接触，有了集体，才能更好地理解规则与礼仪。他们会在幼儿园里每天的各种"社交实战场"上积累非常多的经验。

Suki在幼儿园交了好几个好朋友

入园焦虑是有性格缺陷，还是缺乏安全感

　　姐妹俩在三周左右就战胜了入园焦虑，但不是每个宝宝都能幸运地快速适应。比如姐姐的好朋友奥托就有近半年的分离焦虑期，他每天早上都哭嚷到让妈妈沮丧得想要投河或撞墙。这种焦灼的状态很久之后才

有所好转，他的妈妈也很纳闷孩子为什么会这么"憎恨"幼儿园。

在幼儿园的门口，别的孩子似乎就能自信满满地和爸妈告别，自己走进教室，为何自己的宝宝总不肯撒手？是性格有什么问题吗？是没有安全感吗？

以前我也经常问自己这个问题，我也担心她和奥托这种类型的孩子是不是因为性格内向敏感，所以格外没有安全感？

但是当我在心理学进修课上学了依附理论以后，我才明白分离焦虑强烈的孩子并不是在表达对幼儿园的憎恶、也不是因为没有安全感，而很可能是因为他们和妈妈有更深刻的依恋。

在幼儿时期特别依恋妈妈、和妈妈难分难舍的那些孩子，其实也是安全感建立得最深刻和扎实的，长大以后，他们在心理上更多一份安全和笃定。但困难在于，入园时期这些深深依恋妈妈的孩子，需要更多的时间去把这份依恋关系转移，他们需要将这份依恋感建立在新环境的人物和事物上，也要战胜"失去妈妈"的假想的恐惧。这份转移对妈妈来说是辛苦的，但对于孩子是有价值的，会带给孩子更大的世界，更多探索的机会和勇气。

所以，我们不用担心是孩子性格有问题或者安全感出了状况，而是需要找到技巧帮助孩子建立新的情感依附，并让孩子相信他们永远也不会失去妈妈。

宝宝在幼儿园是天使，在家里是恶魔？

不光是入园时期的焦虑，孩子的整个幼儿园期间，爸妈都可能遇到孩子的抗拒情绪。而想要理解情绪发生的原因，就要去探析孩子的心理。

事实上，最近我就遇到了难题，这主要来自妹妹。

姐姐九月就去上小学了，不能再在幼儿园陪妹妹。对于这件事，我们从很早开始就给妹妹做心理铺垫，她一直比较平静，看起来能够接受。但是在姐姐上学的第一周，还是给妹妹带来了情绪冲击，她怎么也不肯去幼儿园。在哭了半个小时之后才终于爬了起来。告别的时候她也是十分失落的表情。

这样的分别，让我一整天都感到揪心，无比难过。但当我去幼儿园接她，看到她又活蹦乱跳，并且和好朋友正玩得开心时，我又松了一口气。她看到妈妈后像小鹿一样蹦跳着过来，抱住我亲吻。

我和老师说了妹妹在小公园发脾气哭了半小时这件事，老师们都一副特别吃惊的样子：妹妹在幼儿园里从来不发脾气，根本无法想象啊！为什么家里的恶魔，会在幼儿园变成天使呢？

其实，他们发脾气往往不是因为抗拒幼儿园，而是在离自己而去的那个重要的人面前做的戏。发脾气是亲密关系的表现之一，依恋关系最深刻的妈妈，往往就要承受最多的坏脾气！在你被折磨得伤痕累累离开之后，宝宝却在幼儿园变成了天使，原因有这么几个：

（1）在幼儿园里，孩子更倾向于模仿大多数孩子的举止。研究发现，即使对幼儿来说，从众心理也是强大的，如果别的小朋友都安安静静，你的宝宝也不好意思一直哭到天昏地暗！

（2）在家里，孩子发脾气往往是为了得到爸妈的关注。但是在幼儿园，老师的这份关注是有限的。发脾气的孩子被抱起来，老师往往还要同时忙着做其他事。发脾气这么费精力的事情，却得不到本来期待的关注度，宝宝心里明白还不如少花点力气呢！

（3）幼儿园里有太多好玩的事会转移注意力了。在家里，孩子只有一个游戏室和一些玩具，但幼儿园的整个空间都是为孩子的玩耍和游戏设置的，他们每天都会有不同的游戏、好吃的食物、好听的歌，一直哭可就错过了。老师同学又不像妈妈那样会一直等着，所以想要不错过有趣的事情，宝宝就只好赶快擦干眼泪，整理情绪，加入到游戏中。

Sula 很快适应了幼儿园

所以，那个哭得快要昏厥的宝宝你也不用太担心，在幼儿园里，他很快会发现哭泣和发脾气是得不偿失的无聊行为，有太多更有趣的事情在等着自己开心互动。因此，在你看不到的时候，他很可能更像一个快乐的天使。

04 十个实操方法，帮宝宝战胜入园焦虑

每个宝宝的生命初期，都和一个或多个亲人建立了最主要的依附关系，这个宝宝的主要照顾者可能是妈妈爸爸，也可能是爷爷奶奶或者姥姥姥爷，但我在这里为了简化，就统一写成"妈妈"。

我在前一篇文章中讲到，幼儿园门口的"生离死别"，并不是孩子没

有安全感的表现，而是这种深厚的依附关系的体现。"被抛弃"是每一个幼儿最本能和最深刻的恐惧，尤其是与自己连结得最亲密的人的别离。

妈妈把孩子留在陌生的幼儿园，其实孩子并不知道妈妈是否就会从此消失，何时还会出现，他会为此紧张不安，沉浸在失去妈妈的假想里。

小孩子对这个世界的因果关系和人际关系的稳定性还缺乏预见，被最依恋的妈妈留在陌生的环境里，你能想象他对妈妈永远不会再出现的那种恐惧吗？这种恐惧是一种深刻的本能。

因此，让孩子战胜入园焦虑的第一步，就是让宝宝理解和相信：妈妈只是短暂地离开，到点了就来接自己回家。

孩子是非理性的，简单的语言说明还难以让他安心。把"恐惧"变为"相信"，就要在能影响孩子心理的各个层面做工作。下面是一些最有针对性的方法：

1.用时间表强化"妈妈总会出现"的稳定性

在宝宝刚入园或者是入园之前，我们可以和孩子一起自制一个图文并茂的时间表，重复地向宝宝解释幼儿园作息时间，让宝宝知道在幼儿园里好玩的事，帮助他塑造这种预见性和稳定性。

在这个时间表中，最重要的就是强调一天的结束："到点了，妈妈就会来接你回家哦。"这句话，要不断地说给孩子听，直到他坚定不移地相信。你说再多次，孩子都不嫌多！因为这句话，是击败孩子的恐惧的最佳良药，多说一次，孩子就会多相信一点。

如果能有关于"妈妈总会出现"的绘本，就可以帮助宝宝在故事中理解自己与妈妈的依附关系的稳定性。

2.编织一天结束后的美好画面

早上去幼儿园之前，要和宝宝聊一聊晚上会一起做什么有意思的事。比如，可以跟宝宝说："妈妈来接你之后，我们就会一起去小公园荡秋千，去超市买你最喜欢的鸡蛋饼，晚上一起读五本你最喜欢的《小猪佩奇》。"

这些情景形容得越具体越好，让宝宝能够清晰地想象出来，在他去幼儿园之前就在脑海里编织出一个画面。这样白天在幼儿园的时候，即使他沉浸在"失去妈妈"的恐慌和假想中，他们的脑海里也会不自觉地闪现回家后会和妈妈做的那些事。这个回家的画面，会给宝宝很多安慰。

3. 因果关系的稳定性需要时间去验证

"相信妈妈没有消失，到点就会出现。"这对于宝宝来说是一个需要时间验证的结论。他无法在刚入园几天就相信这件事，很可能需要很多天甚至几个星期才能相信。因为妈妈不断地准时出现，他才可能在心里验证这个因果关系。

Suki 站在童车的后面，和 Sula 一起去幼儿园

这段时间确实需要妈妈们顶住压力，才能熬过孩子这个心理验证期。"相信"这个词，不是无缘无故就能建设在孩子心里的。

4.孩子刚入园时，接孩子一定不要迟到

孩子刚入园的这几周，正是妈妈帮助他验证"准时出现"的稳定性的时期，迟到会让孩子感觉非常不安。你最好比其他的家长更早到。因为很常见的情况是：孩子在幼儿园可能一天都很开心，但一看到别的小朋友的爸妈来接他们时，他就会就开始恐慌和哭泣。别的爸妈来接孩子，会让他想起自己的妈妈，从而唤起他们内心"妈妈不会再出现"的恐惧，而等得越久，孩子就越怀疑这份"稳定性"。

5.早上可以让爸爸来送

如果宝宝特别依恋妈妈，最好早上由爸爸来送，晚上由妈妈来接。也许比起妈妈（或者依附关系最深的亲人），孩子和爸爸分离不那么惨烈，早上也少一分剧烈的情绪波动，在幼儿园就会快一点融入。

而"妈妈的出现"，作为幼儿园一天结束时"最甜蜜的奖赏"，会让孩子更有期待和幸福感。

6.早上给足疏通情绪的时间

如果宝宝近期的情绪反应都比较强烈，就尽量早点起床，留出足够的疏通情绪的时间。如果孩子哭闹，那在他进入幼儿园之前，就可以在门口和他沟通、交谈一下，即使只是陪伴一会，对稳定他的情绪都很有帮助。

有时孩子只是需要自己不安的心情被妈妈看见。当他的哭泣和不安情绪被接纳之后，自己就能慢慢整顿心情走进幼儿园。但如果妈妈急着去上班，不得不把孩子连拉带拽地拖进幼儿园，孩子的情绪恢复就会难得多，他也会感到愤怒和不公平。所以在孩子的入园初期，尽量给孩子充足的整理情绪时间。

幼儿园老师给 Sula 扎了漂亮的小辫子

7.一旦把孩子交给老师，就不要逗留，果断离开

在幼儿园，就是老师和孩子建立情感依附的场所与时间，如果妈妈在教室里拖泥带水地哄孩子，只会让孩子的情绪更崩溃和失控。所以父母要把孩子愉快地交给老师，愉快地告别，果断离开。

8.分别时不要悄悄地溜走，要正式地告别

即使孩子哭得快要昏厥了，也请正式和孩子告别后再离开，不要偷偷摸摸地溜走。因为入园初期，正是妈妈要向孩子验证"妈妈不会消失"的时期，如果妈妈趁宝宝不注意的时候不辞而别，她会更有被欺骗、被抛弃的感觉。

另外很重要的一点是，告别的时候，不管你的心情有多么沉重，表情一定要轻松！孩子对大人的情绪感知是非常敏锐的，如果你表现得不安、难过，宝宝更会认定自己深陷泥潭，对陌生环境的恐惧感也会增加。

你的轻松表情便是对孩子承诺："你会拥有快乐有趣的一天，妈妈会准时来接你的！"

9.小宝宝需要具体物件来依附情感

对于年纪更小的宝宝，语言沟通还是比较困难的事。宝宝的情感依附，往往更需要寄托于具体的物件。比如妹妹刚入园时，会非常依赖她的小方巾，姐姐会需要她的玩偶长颈鹿。

我们可以给宝宝一件有妈妈气味的衬衫，或者盖着她最喜欢的小毯子睡觉，这些宝宝最熟悉的物件，会让她觉得幼儿园是家的延伸，会有被保护的安全感。

在英国幼儿园的小班里，老师还会把爸爸妈妈的大照片贴在墙上，孩子哭泣的时候，老师就会抱着孩子去看照片，和宝宝一起想象妈妈会对孩子说的话，并承诺"妈妈到点就会来接你"。

10.接孩子回家以后，多和他一起回忆幼儿园的一天

每天接了孩子回家，妈妈可以和孩子一起梳理幼儿园里的一天，这样不仅能让孩子更理性地去理解幼儿园的生活、规则和人际关系，更重要的是她会知道幼儿园生活与家庭生活不是完全割离的，妈妈的关注和爱一直都在。自己在幼儿园的时候，妈妈也在某个地方想着自己。她会更积极地体验幼儿园的生活，好在一天结束之后能和妈妈讲讲。

以上10个实操方法，是帮助宝宝战胜入园焦虑的第一步。将与妈妈的依附关系重建到幼儿园里，后面的两步更加重要：幼儿园里至少有一位孩子能够信任并随时求助的老师，她才能不惧怕新生活里遇到的困难；幼儿园里有一位或多位好朋友，才能够满足孩子对于社交和共同游戏的本能需要。

好老师与好朋友的存在，会从本质上改变宝宝在幼儿园的体验和感受，这也是他在新环境里建立情感依附的根基。愿每个宝宝都能爱上幼儿园！

05 轻松自制入学绘本，快乐上学

在英国，孩子们是 4 ～ 5 岁开始上小学的，当我家姐姐 Suki 4 岁进小学那天，幼儿园举办了温馨感人的毕业典礼。相处了多年的老师给每个孩子都写了一段很有个人特色的猜谜形容文字，老师在台上念出来让大家猜是谁。

老师对姐姐的形容是：在小班时她太好动了，总是企图从换洗桌上跳下来；在大班时她不停地要创造，总是追着老师要卡片、胶水和剪刀。

毕业典礼的整个过程都很温馨，孩子们在笑声和掌声中上台领取毕业证书。很多爸妈都是一边笑着，一边眼角就湿润了。孩子们童年里的最初几年，在美好的幼儿园里画上了一个完美的句号。

Suki 的幼儿园毕业典礼

孩子们在充满怀恋地与幼儿园告别的同时，也在兴奋地想象着崭新的学校生活会有多么不同。当然，无论有多么期待，在进入新学校之前，每个孩子和爸妈的心情里都会夹杂着一点紧张和不安：新学校的校舍环境、生活节奏、规矩纪律、老师同学都和以前完全不同，孩子连一个认识的人都没有，他会感到手足无措、胆怯想家，或者焦虑于没有新朋友吗？他能够很快地适应新环境吗？

既然父母如此担心，我们不如主动地帮孩子在心理上做好准备。我有一个入学准备（入园准备）的小窍门——给孩子制作一本属于他的"入学准备（入园准备）绘本"！

我们可以把宝宝变成绘本的主人公，把他在开学前需要了解的内容都放在绘本里，经常和他一起读，这样他才会对学校（幼儿园）的新生活有预期，知道该如何去应对各种情况。熟读了自己的入学（入园）绘本，孩子就会对新环境有熟悉感，在进入学校（幼儿园）后也不会感到突然和陌生。

准备这个绘本的方法很简单，想要正式一点，就用PS软件（图像处理软件）处理图片和进行文字排版。然后，我们可以把设计好的页面打印出来，放入一个文件夹里，这样立刻就有了绘本的感觉！

手工制作的效果其实会更好，我们可以买一个比较厚、纸页比较少的速写本，直接用画作、照片和手写文字来制作，还可以让孩子在上面画一些水彩或者线条作为装饰。

第一次去姐姐的新学校见到了老师和新同学时，让我特别惊讶的是

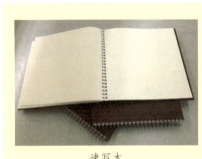
速写本

姐妹俩创作后

学校竟然给每个孩子都准备一个入学欢迎绘本！真是太贴心了。

学校的绘本和我的想法不谋而合，绘本上有对老师、学校环境、作息和学习生活的介绍，还有老师的欢迎词，特别温馨。姐姐每天晚上都要读一遍，对学校的新生活更加期待了。

下面的内容，是我把我们自制的绘本和学校的欢迎绘本内容结合在一起，给大家做的一个内容模板，大家可以灵活修改和应用。

宝宝的入园准备绘本

（涉及隐私，有些内容我做了替换，大家当作模板参考就好。）

第一页：关于我

我的名字叫Suki，我于2013年9月出生在伦敦。

今年9月我就5岁啦，我要开始我的学校生活了。

我的新学校是：A校。

我的名字叫Suki，我于2013年9月出生在伦敦。

入学绘本第一页

第二页：学校的位置

A校离我家不太远，开车15分钟的距离。

每天早上，爸爸会送我去学校；每天下午，妈妈会接我回家。

A校离我家不太远，开车15分钟的距离。

入学绘本第二页

这里是从家到学校的地图。

第三页：每天的作息

我的新学校的生活作息时间是：

早上8：15到学校

中午11：45 午饭时间

中午12：20 自由游戏的时间

下午1：15 课堂时间

下午3：30 上学的时间结束，妈妈会来接我

第四页：学校的服装和用具

我每天要穿校服去学校，包括蓝色呢子裙、白色袜子、黑皮鞋和蓝色的西装外套。

书包里需要准备好运动服。

每天晚上，我要和妈妈一起把校服和书包准备好。第二天早上，我需要准时起床，把衣服穿戴整齐。在学校里，我要自己保管我的衣服和书包。

我的新学校生活的作息时间是：

早上8：15 到学校

中午11：45 午饭时间

中午12：20 自由游戏的时间

下午1：15 课堂时间

下午3：30 一天结束，妈妈会来接我

入学绘本第三页

我每天要穿校服去学校，包括蓝色呢子裙、白色袜子，白球鞋和蓝色的西装外套。

入学绘本第四页

我们的校长是：Mr S 副校长是：Mr F

我的班级老师是：Mrs A和Mrs M

我的班级叫做："松鼠班"，有16个小朋友，8个男孩，8个女孩。

入学绘本第五页

我平时会在一年级的主楼里上课。
每个教室都有自己的读书角，我可以看到很多
有趣的绘本。

入学绘本第六页

主楼的外面有一个儿童乐园，吃完午饭，我
可以在这里和新朋友游戏。

入学绘本第七页

中午，我会在食堂吃午饭。我在这里可以吃
到我最爱的食物，有：
奶酪意大利面；淡咖喱鸡米饭；番茄炖牛肉；
草莓点心，等等。

入学绘本第八页

第五页：人物

我们的校长是S先生，副
校长是F先生，我的班级老师
是A女士和M女士。

我的班级叫做"松鼠班"，
有16个小朋友，8个男孩，8个
女孩。

虽然我还不认识这些小朋
友，但是我很快会结交新朋
友的。

第六页：主教室的环境

我平时会在一年级的主楼
里上课。每个教室都有自己的
读书角，我可以看到很多有趣
的绘本。

教室里有一个手工柜，如果
我需要画画或者制作东西，都可
以在这里拿到材料。

教室里还有模拟游戏区，我
可以和新同学一起玩厨房游戏、
小火车或搭建积木。

第七页：学校的环境

主楼的外面有一个儿童乐园，吃完午饭，我可以在这里和新朋友游戏。

上体育课的时候，我们会去操场，学校里还有游泳馆，每周我都会去上游泳课。

第八页：学校的伙食

中午，我会在食堂吃午饭。我在这里可以吃到我最爱的食物，有：奶酪意大利面、淡咖喱鸡米饭、番茄炖牛肉、草莓点心等。

第九页：和宝宝相关的注意事项

如果我需要帮助，不知道找谁，就去和A老师说；

如果我需要帮助，不知道找谁，就去和Mrs A老师说。

如果我想要上厕所，教室旁边有专门的小朋友的厕所。

入学绘本第九页

9月5日就要开学了！

我非常期待去新的学校，成为一名骄傲的小学生！

入学绘本第十页

如果我想要上厕所，教室旁边有专门的小朋友的厕所；

如果我受伤了，我要去找M女士，她会给我创可贴，也会安慰我；

如果我有点孤单，我可以邀请小伙伴和我一起玩厨房的游戏；

如果没有人加入我的游戏也没关系，教室里有很多书可以读；

我不用太想家，因为每天下午3点半妈妈就会准时来接我啦！

第十页：期待开学

9月5日就要开学了！我非常期待去新的学校，成为一名骄傲的小学生！

我给姐姐的绘本大致就是这样了，你可以根据宝宝的情况更改内容。这个绘本也适合已经入园和入校，但是有焦虑情绪的孩子，你可以针对他的问题去特别设计页面。

比如，如果宝宝有和人争抢的现象，可以加一页：

如果别人在玩玩具我也想玩，我需要等对方结束了再玩，或者我可以问："我能和你一起玩吗？"

我不可以抢玩具，更不能推打对方。如果有人来抢我正在玩的玩具，我要清楚地说明："请排队，等我玩完了，你再玩。"

或者我可以邀请对方来玩："你愿意和我一起玩吗？"

如果有小朋友打了我，我要大声地制止他、跑开，或者告诉大人。

这个绘本的好处是随时可以增加页面进去，等姐姐入学了以后，我们也会增加一个同学的名单，帮助孩子更好地开始社交生活，后面也会增加课程表和俱乐部的内容。

读着自己制作的入学准备（入园准备）的绘本，宝宝会更容易有代入感，也会畅想自己将要开始的生活。这样的重复阅读和想象，会让他们更安心，知道如何应对各种情况，也会让他们对新生活有更多的期待！

06　五大步骤，让孩子远离欺凌、武装自信

作为爸妈，最揪心的事情之一就是看到自己的孩子被欺负。如果有可能，我们真希望能有千里眼、顺风耳、如来指，随时能当孩子的守护

神。这当然不可能，孩子的未来是属于集体和世界，我们必须学会放手。但在放手的同时，我们该如何教孩子正确面对欺凌呢？

一个周末，我带姐妹俩去了伦敦的一个翻斗乐园。场地比较大，妹妹在玩海洋球，姐姐在旁边一个充气巴士里面玩蹦床，我在场外和一个妈妈聊天，时不时地用眼睛扫描两个女儿的情况。

海洋球池里还有一个五六岁的小男孩，忽然我看到那个男孩把海洋球往妹妹身上扔，而且越扔越快，有一只球还打到了妹妹的胳膊上。我听到妹妹非常生气地大声说："No! I don't like it!"（别用球扔我，我不喜欢！）

我离她有点远，注意到妹妹已经从球池里爬了出来，就没有立即过去干预。

妹妹皱着眉头捂着胳膊，喊着"No!"（别这样），她想走开，离那个男孩远远的。谁知那男孩还不罢休，抱了好几只海洋球追出来，半开玩笑地往妹妹身上扔，一只球扔得比较狠，居然打到了妹妹的脸上。

我的怒气一下子窜了上来，这孩子怎么这么粗鲁！我的朋友也在旁边，非常惊讶这男孩居然无所顾忌地欺负别的小朋友。我担心妹妹的状况，准备进场干预，远远地看到妹妹捂着脸急了，她的声音高了八度冲着男孩大喊："Stop it! You hurt me! I don't like it!"（住手！你伤到我了！我不喜欢！）

我穿过场地，还没赶到海洋池，就看到姐姐从旁边蹦了出来，用身体挡在妹妹前面，气势汹汹地对着那个男孩大声喊："She's my sister! You can't throw balls at her!"（她是我妹妹！你不可以用球打她！）整个场地都能听到姐妹俩的声音。男孩看到她俩都很强势的样子，就犹豫着住了手，收起了嬉皮笑脸的表情。

当姐姐发现我正朝她们走来，就赶紧拉着妹妹走到我跟前，大声跟我说："That boy threw balls at Sula! He hurted Sula's face! "（那个男孩往妹妹身上扔球，伤到了她的脸！）

我蹲下来看到妹妹的脸颊上果然有一点淡淡的粉色，但不算严重。妹妹很委屈，我也挺心疼。我想要教训这个男孩子，但这时男孩的妈妈惊慌失措地赶了过来。她看到了发生的事，非常懊恼地不停和我道歉，并且狠狠地批评了男孩，把他拉出了翻斗乐园。

妹妹还是非常沮丧，一直撅着嘴，姐姐就一直抱着她肩膀，安慰着妹妹，还把书包里的玩偶和饼干给她。朋友在旁边看着赞叹地说："姐姐真的很爱护妹妹啊！"

我带俩孩子去旁边的咖啡馆喝饮料，平复她们的情绪，并复盘这件事。虽然看到妹妹被欺负，我是很揪心的，但在整个事件中，孩子们的反应其实让我感到很欣慰。因为我意识到，我平时和她们说过的面对欺凌的几个步骤，她们都记住并做到了！我大大地夸奖了她们，并再次重复我多次讲过的话。

当孩子们面对欺凌时，我们要遵循简单的步骤，思路清晰，这样在事件发生时，她们才能够知道该怎样回应。我和她们说的只有简单的五个步骤，可以浓缩为20个字。记住这20个字，可以武装孩子的自信，帮助她们远离欺凌。

1.立刻走开

我告诉孩子："如果有人欺负你，不要留在那里被动地当受害者，要赶紧躲开，走得远远的。无论对方是在身体上让你不舒服，还是语言上伤害了你，你都可以立刻走开，不必留在那里做对方的朋友。他欺负别人，他就会失去朋友，这是欺凌者要付出的代价。"

往往是那些犹豫着不敢走开的孩子，才会被当作欺凌的靶子。回顾

姐妹俩总是相互守护、在一起

妹妹的做法，当男孩往她身上扔球，她的第一反应就是离开海洋球池。

2. 大声抗议

如果想要走开，对方还是继续纠缠，你就要在声势上吓倒他，大声抗议，而且要站直身体，看着对方的眼睛。如果知道对方的名字，就要把名字也喊出来。

越胆怯、越不敢抗争，就越会助长欺凌者的气势。对于这一点，我觉得姐妹俩都从小就训练有素，每次她俩遇到有人欺负她们时，抗议的声音都会大得老远就能听见。比如这次在翻斗乐园，她俩也是坚定地大声地抗议对方的行为。

3. 依靠伙伴

如果被欺负了，要立刻去告诉自己信任的伙伴，这样在情绪上和感情上就首先能得到支持，底气会得到强化。总是独来独往、不敢依靠朋友的孩子也会缺乏底气，更容易成为被欺凌的对象。

姐妹俩的友情也总是让我很感动。虽然在家的时候她俩经常拌嘴，但只要出门了她们肯定形影不离、互相撑腰，尤其姐姐是"护妹狂魔"，绝对不肯看妹妹受欺负、受伤害,妹妹也是有什么事情都会去找姐姐。这次姐姐为妹妹挺身而出,也让我很赞赏。姐妹的陪伴,就是互相的底气。

4.求助大人

如果被欺负了,要相信大人会有适合的解决方案,要把自己的遭遇对大人说,爸妈、老师、警察、管理员等成人可以出面干涉,阻止欺凌行为继续发生。

有些孩子觉得被欺负是自己的错,怕被指责,就不敢向大人求助,因而更容易被欺凌者当作目标。我们要多鼓励孩子说出来,即使是负面的或者是自己做错了的事。孩子能够诉说都值得鼓励,我们不要轻易责备他们,这样才能建立孩子与大人之间的信任。

5.正当防卫

我并不同意"受了欺负就打回去"的做法。如果孩子总被灌输"应该以同样的方式对待欺凌者"的观点,就非常容易让孩子引起身体冲突,甚至遭到伤害,身体和心理的损伤可能更大。

我们应该教给孩子,在遇到欺凌时首先用深呼吸的方法保持冷静,然后用前面说的几种方法脱离欺凌。在别无选择的情况下,出手保护自己就是正当防卫。

"立刻走开、大声抗议、依靠伙伴、求助成人、正当防卫",就是我教给孩子面对欺凌的五个步骤。当然,不同年龄的孩子遇到欺凌的程度都不一样。这20个字的建议更适合小龄孩子去理解和牢记。

当孩子们长大些,对待欺凌的心理辅导可能需要更微妙、更深入,但无论是大孩子还是小孩子,保护他们的自信,都是在欺凌事件中最需要重视的事。

第三部分

释放天性，以创造

力激发孩子的内驱力

用笑声激活孩子天性中的创造力

1

01 在游戏中学习，是孩子的天性

从我写作伊始，大部分内容都与早教游戏有关，我曾分享了400多个有益于孩子身心健康的亲子游戏。游戏也一度成为我文章中的关键词。

渐渐地，姐妹俩长大并开始上学了，我仍然将游戏贯穿于孩子的学习中，尤其是姐妹俩学校的主题式学习和项目式学习，让我意识到这个过程是游戏式早教向高年龄段的延伸。这个发现让我异常兴奋，于是我把注意力更多地放在游戏如何影响孩子整个成长和学习这件事上。

原来，游戏远比你我想象的要神奇！

学校的戏剧课 孩子们很喜欢

物理现象和事物的稳定性，即看不到的事物依然存在。因此，宝宝才会对躲在手掌后面的妈妈再次出现的面孔感到特别高兴，因为妈妈没有消失。

11 个月大的 Sula 喜欢在窗帘后面躲猫猫

再比如，幼儿时期最重要的游戏就是感官探索：经过发展视觉、听觉、触觉、味觉、嗅觉等过程，慢慢建立起感受世界的整个五感系统。

可能物理世界对成人来说理所当然，但对孩子来说，一切都那么新奇。因此我们要给幼儿提供大量用水、沙、橡皮泥、颜料、纸、泡沫等不同的材质和媒介组成的感官游戏。幼儿通过感官体验，可以去找到事物之间互动方式的规律。

游戏还能够帮助孩子发现其自身与外界的关系，找到自我的存在感以及获得流畅和快乐的情绪。

2.在游戏中发展社交

孩子成长到两三岁，就开始需要同龄人的互动和陪伴。而结交伙伴就需要通过游戏来建立友谊。在游戏中，孩子可以学习社交中的一切：使用语言、尝试沟通、遵守社交规则、模拟生活角色、发展想象力，等等。

　　比如在角色扮演游戏中，孩子会把自己习得的语言都尽可能拿来练习，他们会想象自己的身份，然后模仿爸爸、妈妈、老师、医生、警察、消防员等角色，以此来建立对社会关系的认知。在游戏中，本来以自我为中心的孩子开始发展社交情商，逐渐产生同理心，尝试从别人的

姐俩都非常喜欢乐高小世界和角色扮演游戏

角度去思考问题，并学习如何解决冲突，学习谦让、沟通、共享等社交规则。

3.游戏是自主学习的最佳方式

当孩子更大一些，游戏的形式可以从感官探索拓展到方方面面。比起教学式的学习，游戏当然更加有趣、更有主动性，这时的孩子学习力是极强的，所有感官窗口都会打开，心灵也极具吸收力。

比如玩折纸飞机，孩子能够体会几何对称和空气浮力；

比如绘画，孩子可以学习设计和色彩，感受材料的特性；

比如玩乐高积木，孩子能从中学习搭建、结构、三维空间关系；

比如玩拼图，孩子可以学习形状、图案、顺序和规律；

比如玩桌游，孩子能够学习数学逻辑，遵守规则，培养抗挫力。

大运动游戏比如玩球、跳舞和攀爬，孩子可以发展自身身体技能。

因此，孩子需要学习的内容，都是可以在游戏中实现的，很多知识不需父母刻意去教，孩子自己就可以在游戏中通过自主纠错搞懂其中的规律。

4.游戏是治愈亲子关系的最好连接方式

有些家长虽然感受到与孩子的隔阂，却对此束手无策，其实最好的方法就是和孩子一起做游戏——没有功利心、不求结果地游戏。因为孩子通常会把能够一起游戏并笑出来的人当作最好的伙伴，任何隔阂与不信任也都会在游戏中消除。

游戏中的成人不再高高在上，不再是制定规则的一方，在游戏中，成人和孩子实现了真正的平等，可以放松地享受亲子时光。

游戏具有疗愈的作用，可以释放孩子难以宣泄、语言表达不清的负面情绪；同时也可以治愈成人与孩子之间由不平等关系而造成的对抗。

适合年龄较大的孩子的学习游戏：主题式学习和项目式学习

主题式学习和项目式学习是游戏式早教延伸到大孩子的进阶版。孩子们在项目中自主研究、互动合作、动手创意、寻找答案，然后用主题的形式将认知的线索串联起来。

这些主题与项目本身就像游戏一样充满了趣味性和主动性，就好像是学生版的创业作坊，能让孩子们全身心地沉浸其中去探索研究、去自主创新、去互动合作，它们的思路都和我研究多年的游戏式早教完全吻合，但它是更加复杂、完整的大龄版。

主题式学习

由于低年级的孩子们还难以完整地操作整个项目，所以主题式是以主题课的形式出现的。主题式学习中，老师提供了许多与主题相关的各种游戏建议和探索形式，让孩子多感官参与、多媒介探索，寻找答案，然后进行总结和展示。

比如声音的主题课，孩子们在课上会做很多游戏：

在自然中分辨和记录声音；

制作连线听筒，体会声音的传播；

制作各种小型装置，观察声音的震动；

集体玩声音定位的蝙蝠游戏；

孩子们还制作了吉他、鼓等手工乐器。

声音主题课，Suki 用纸盒做了一个可以弹出音符的吉他

主题式学习，以"学"和"探索"为核心，学校提供游戏的形式，让孩子们在玩耍中观察和摸索物理规律。这些游戏全面调动了孩子们的感官体验，提升了动手创造、互动合作、演讲沟通等能力，而这些能力都是他们将来在创业、工作中所需要的核心技能。

项目式学习（Project-based Learning）

对于高年级的孩子，主题式学习会升级为项目式学习，项目式学习更加系统和复杂。项目式学习有一套非常完整的流程，包括项目构思、广泛调研、团队合作和公众展示这几个环节。

比如姐妹俩所读学校的高年级，曾经有一个项目是进行全过程的"巧克力草莓包装"设计。

高年级的学生们认真记录着巧克力草莓的尺寸、研究包装的承重、选择材料、进行产品设计，让一个个巧克力草莓立起来。接着设计品牌标示与包装、3D打印做小样、研究包装上所有的信息文字、调研市场寻找合适的定价，设计完毕之后，还进行了一个小小的展览。学校邀请了一位超市购物主管来参与选择"最适合上架的礼品草莓",并对获胜者给予奖励。

高年级的项目式学习课

这就是典型的项目式学习,整个过程就是让孩子们体验社会中的真实项目,让他们运用自己的知识和创意来实现。学生以结果为导向去发现问题、解决问题,可以在整个过程中提升信息采集、团队合作、演说展示等技能。

学生项目是进行"草莓巧克力包装设计"

从游戏式早教、主题式学习到项目式学习,"游戏"都扮演了重要的角色,甚至可以说贯穿了孩子的整个学习之路。

不仅对孩子的学习需要游戏,在孩子长大后何尝不需要游戏精神呢?

乔布斯造苹果电脑、苹果手机，马斯克造特斯拉汽车、造火箭，何尝不是成人的高端游戏呢？他们把兴趣、探索和自我价值的发现，都放在了这些大型游戏里。从自身来说，我学得最快的技能往往不是别人教给我的那些，而是因为自己的好奇和探索而得到的。于我而言有趣好玩的事物，才能学得特别有效率，也才能准确找到自己的风格和角度。

玩，何止是孩子的天性，也是人类的本能。所以，乔布斯说"Stay Foolish , Stay Hungry"，意指我们应该像孩子一样保持原本的游戏精神，用贴近自己天性的好奇心去不断学习。所以，当我们在自我探索的过程里遇到了瓶颈，那么最重要的就是回归游戏本身，寻找最自然的探索本能。

02　如何不刻意地培养孩子的创造力

我小时候在北京长大，上小学时，爸妈因为工作特别忙，经常要晚上七点多才能回家。为了给我找事情做，妈妈就让我去参加运动队和民乐团。

我当时很纳闷："妈妈，这些课外班我都没那么喜欢。我最喜欢画画，你怎么不给我报班呢？"

"画画还要报班吗？"我妈不以为然地反问我，"创造类的活动只需要一直创造就好。"

不仅当时的我搞不懂她的意思，直至现在，这句话也令我反复琢磨。

正如她所言，创造类的活动，我妈从没教过我，但她也从来没有停止过鼓励我。

小学二年级，妈妈的好友所在的印刷工厂给了她两大筒卷纸，她兴冲冲地拿回家送给我："你看，铺开了有十米长！这下你能画个痛快了。"

我当时很激动，心想：画满十米的话，会破吉尼斯纪录吧？于是我拉上最要好的同学，也送了她一卷，我俩一起破世界纪录。

那个暑假，我们就整天趴在地上画各种角色和场景，画了好多小故事，纸卷空白的一侧越来越小，画有图案的一侧越卷越大，我心里充满期待。

没过多久，我真的把这十米的纸卷画完了！我妈赞不绝口，只要家里来客人，就骄傲地把"吉尼斯记录"展开给客人看。我胸口升起了满满的成就感，觉得自己完成了一件了不起的事。

那几年，如果放学后没有课外班，我就自己走路到妈妈工作的建筑设计院去打发时间。建筑师们都对我特别热情，在设计院里度过的那些下午，是我小时候最快乐的记忆之一。

我很喜欢看办公室里那些整齐的设计桌和巨大的画板，十几位建筑师们弯腰挥舞着胳膊，推动着各种形状的尺子，在纸面上画着平面图、立面图、剖面图。

我经常在画板下面躲猫猫，大人们也不介意。我还喜欢跟着他们去车间，看那些巨大的蓝图是怎么晒出来的。

有一天我发现了一个最棒的房间，就是模型室！建筑师们用木材、泡沫塑料、纸板制作的建筑模型非常神奇，将一个个迷你的园林建筑房屋惟妙惟肖地展现在眼前。

妈妈和同事们都非常忙，但他们允许我自己在模型室逗留，玩那些边角料。

那时我发现，边角料是天底下最好玩的玩具！

　　废弃的泡沫塑料可以随意切割组合成房屋。碎木块可以当作家具，染了色的海绵就是树木，纸板可以变成园林……无数个下午我自己在模型室，用废弃材料摆弄着自己的幻想世界。

　　我家住的楼房很小，只有两间卧室，没有客厅。妈妈想要个小空间搞创作，就把阳台变成了工作间。

　　她在阳台上做着非常有趣的事情，我总是赖在那里不走。

　　她用水粉画建筑透视图，我就凑热闹，拿她用剩下的颜料，趴在地上涂抹我自己的水粉画。

　　她还买了一个缝纫机放在阳台上，给我做了很多裙子和衣服。我当时也没有什么玩具，仅有一个娃娃。于是妈妈给我做衣服的时候，我就用碎布头、扣子、丝带，也给我自己的娃娃裹一裹、系一系地做服装设计。

　　小学高年级时，我迷上了漫画。很多同学的爸妈都坚决不让孩子看，怕影响学习成绩。我妈却说："我相信你能管好自己的学习。"

　　那时，邻居女孩有本从欧美带回来的卡通书，我超级想要，但不敢和爸妈说。妈妈看出了我的心思，她便亲自去向邻居借来原版书，让爸爸拿去单位复印了一套送给我，我非常意外，也非常开心，正是那套书开启了我的漫画之路，从那以后，我一刻不停地画起漫画来。

　　中学时，我除了爱画画，还喜欢写作。妈妈也没有多说什么，送给我很多漂亮的日记本。我从初一开始，

我写了很多很多本日记

一直写日记，直到今天，光是中学时期的日记本就有一箱。

现在，也许我可以厚着脸皮说，自己长成了一个挺有创造力的成人。我成了漫画作者、动画导演、摄影记者、写作者，我生命中的每一天好像都在创作。

即使在两个孩子出生后，带娃最忙碌的那几年，我也从来没闲着，做布艺、做戏服、玩亲子摄影、设计各种游戏、制作早教教具、开启公众号，还因此出了一本早教游戏书。

当我也成了妈妈，我开始回顾自己的成长历程，我的创造力到底是哪里来的呢？是妈妈培养的吗？

回顾小时候的那些情景，妈妈似乎没有刻意引导我的兴趣，也没有花费太大精力。她没教过我什么，没带我上过什么课，没给我买过什么昂贵教具，似乎既没花钱，也没花时间。

而在今日，我们新一代父母都在讨论着创造力的重要性。整个社会都在说要开发孩子的创造力，但是要怎么开发呢？创造力要怎么去教？

我的妈妈和我

想起妈妈说的那句话，直到现在我才醍醐灌顶："创造类的活动只需要一直创造就好。"

那时的她，可能也没有什么"开发孩子创造力"的意识，但她就是朴实地感知到：创造本身就是快乐源泉，唯一的学习过程就是不停止地去创造，并从中学会探索，体验快乐。

创造力的培养方法，很难写成条条框框的教学课本，因为创造力本身，就是要打破规则。创造力的培养，无非就是让孩子热爱去探索、去寻找，习惯不断去从无到有地创造，并在这个过程中找到自己的激情和思考。

当年，妈妈虽然没有过度用力，但是她一直在做这三件事：

1. 不断地提供创造活动的材料与环境

她虽然没有花很多时间，但是她总把我放置在有材料可以操作的环境中。小时候的那些废弃物、边角料、颜料、碎布、日记本……就是最有开放性的创作材料。

当我长大后，有了更具体的写作和画漫画的创作欲望时，她做的事情仍旧是提供材料，她从不干涉我具体去做什么、该怎么做，也没有刻意指导。

我有了自己的孩子以后，也在不知不觉地重复着妈妈的方式。

姐姐很像我，她从三岁开始就整天想要做东西。她经常早晨6点把我推醒，然后站在床边问我："妈妈，剪刀在哪里？彩纸在哪里？胶条在哪里？"

于是从那时起，我开始有意识地在环境里准备好丰富的材料，并教给她如何找到自己所需。

这些年，姐姐总是在桌前做个不停，有时需要我帮忙，但更多时候不需要大人参与，她沉浸于把自己脑海中奇奇怪怪的东西创作出来。

后来，妹妹也加入了她，也同样喜欢从无到有地创造事物的过程。

我难忘小时候妈妈送给我的那些日记本。于是我也送给孩子们日

游戏室里有很多按材料归类的小抽屉，孩子可以自己拿东西

记本。

她俩记录什么我都不干涉，因为在写写画画中得到快乐最重要。她们从3岁记录到今天，每人都已经完成了一大摞日记。她们经常互相读日记，为曾经好玩的傻事而大笑。

2.给孩子留白的时间

我们这一代父母，是有史以来最认真的父母。但"留白"这一点，却远远没有自己的爸妈做得好。时间对今天的孩子来说太奢侈了。

我小的时候，爸妈因为工作忙没时间管我，所以我在兴趣班之后就是自由时间。至于留白时间里做点啥？看到周围有材料，我就开始"搞创作"。

创造力一定是在这种不加限制的自由时间里发展起来的。因为创造的过程就是发现问题、试错，探索自己想要的方式，并在其中点燃自己的热情。

孩子这种探索和试错的过程，也许表面看起来毫无成果，但他们的大脑却在积极地思索和感受，那正是创造力在萌芽。

现在姐姐和妹妹白天上学,放学后有作业,还要练琴。但我深知留白的重要,每天都必定给她们自由的时间。

我的妈妈曾经给过我大量的黄金留白时间,我也不能太亏待我的孩子们。

3. 永远鼓励孩子去创造

妈妈虽然没有刻意教过我什么,但是她的鼓励比什么都重要。

是她看到我的十米画作,给予了我创造"世界纪录"的惊叹,从而在我心上种下了创造者的满足感和骄傲感。

她从来没有把我的创作当作无聊小事,而是认真对待我的作品。正是这种正面感受,让我不断想要去创造更多,它似乎成了一种让我感知自己存在的方式。

如今,当我的孩子们捧着莫名其妙的创作,骄傲地宣布完成作品时,我也会告诉自己不敷衍、不忽视,听听孩子的想法,观察作品的细节,对有想象力的部分给予鼓励,并和孩子一起感受创造的愉悦。

"被看见"是每个孩子内心最深的需要。

你可能会说,这些创作听起来都像是艺术创作。但其实不是这样,艺术、文学、工程、科学,边界越来越模糊,而创造的过程却都是相通的。

一个从小到大不断创作的孩子,会形成一种思维:永远想要跳出框架去发现有趣的事情,渴望寻找与众不同的解决答案,他们最兴奋的状态便是从无到有地去创造。有了这个思维习惯,孩子在各个领域都会显示出创造力。

鼓励我把创造变成了生活本身,这就是我的妈妈带给我最好的礼物。

在那个年代，她用朴实的引导，四两拨千斤地点燃了我的创造火花。而这种不焦虑、不强硬、不越界的方式，值得我们今天的父母去仔细回味。

03　大艺术家的美育避坑指南

家庭艺术教育的指导思路是什么？如果能把握美育的方向，就可以自己给孩子量身定制游戏了。

马克·罗斯科曾担任艺术老师超过20年，学生的年龄从幼儿园覆盖到青少年。他是儿童艺术教育领域的思想领袖，出版过关于渐进式教学法的美育书。他非常赞赏儿童艺术，称赞孩子创作时的新鲜感、真实性和情感的强度。如何保护和拓展孩子的创造力？什么是好的儿童美育？他在自己的美育理念中，尤其提到了需要避开的几个误区。

罗斯科：剥夺孩子艺术创作的机会，就和阻碍他们的语言学习一样有害。

艺术就是表达，是将自己的情感转化为视觉体验。孩子们自然而然、生来就会这样做。他们诚实地表达自己的感受，因此艺术创作对孩子来说，就像使用语言一样，是思考的流露。家长可以尽量多地给孩子创造用艺术去表达的机会，不要总是去限制。甚至年幼的孩子，内核也是小小的艺术家，不要觉得他们那些稚嫩的涂鸦没有意义，其实他们努力留痕的本质，就是艺术。

如果担心孩子把家里弄脏，可以专门设置一个区域，或者做好保护工作，让孩子可以自由创作。比如，我曾经用纸箱给一岁半的妹妹制作了不怕弄脏的桌面画架，让孩子可以画到尽兴。

罗斯科：艺术没有正确答案，不要去批评孩子的作品。

艺术不是高端的，而是一种普遍的表达形式，就像唱歌一样。艺术是人类经验的重要组成部分，每个人都可以创造艺术。不要让孩子以为艺术是艺术家的专利，是美术馆里陈列的作品。尤其不要让孩子觉得，艺术必须有某种"正确答案"。

因此，不批评孩子的作品，因为艺术的本质并不是最终的视觉呈现，而是它在创作过程中所要传达的思想。和孩子聊作品，最重要的是要发现孩子如何思考的，用语言和孩子梳理创作时的思路，这样便是帮助孩子理解自己的艺术表达，这样的聊天会增强孩子的思考能力和创造力。

看到孩子的作品，要聊得尽量具体，比如："我喜欢这些旋转的线条，它们是夜空的星星吗？""我看到你在小马的周围覆盖了粗线条黑色，你是怎么想的呢？"

我记得妹妹快三岁时总是一遍遍地画许多布满了点点的脸。聊过之后，才知道她画的是长了水痘的自己！长水痘的经历给她的印象太深刻了，那时她看着镜子里的自己很可能是有些害怕的，因此很不开心，她不断地用画表达出来，以释放这样的情绪。

罗斯科：过度的技巧训练可能会抑制孩子的创造力。

艺术的表现力来自于孩子自然的创造力，有的美术老师过度强调技术上的完美，就可能会折损这样的创造力和表现力。因此，不要用类似简笔画这样的方式，让孩子来照抄大人的作品。也不要在孩子很小的年纪，就教给他大人的创作方法和繁琐的技巧步骤。

罗斯科甚至反对孩子临摹大师的作品，因为即便是大师的作品也并非"艺术的正确答案"。在美育中，孩子需要无视任何困难，找到自己的道路，寻找自己的语言。将自己的想法用艺术诠释的能力，才是美育的精髓，这比掌握技巧更有价值。

在艺术营里，每个孩子的作品都不同

姐姐曾经参加过一个伦敦艺术营，为了不束缚孩子的创造力，艺术营会使用"项目式学习"的方法创作作品。也就是说，艺术营更专注于孩子在某一个主题中进行一层层的深入思考、知识学习和想象扩展，但到了具体创作的时候，没有技巧的要求，孩子们便可以寻找自己的语言去表达。

在"与海洋有关的历史事件"这个主题中，老师讲泰坦尼克号的故事，告诉孩子们大船如何触礁冰山、沉入海底，还给出了一些视频资料。从孩子的作品中，我可以看到每张画都充满了个性，有着孩子自己独特的理解和诠释。

罗斯科：艺术创作不限于纸笔，保护创作自由，要提供丰富的材料与工具。

艺术，绝不仅仅是在纸面上画画。对孩子来说，体验各种材料、感受不同媒介、学习使用不同工具,是艺术创造中最有趣的部分。这样的体验更有游戏的感觉,会让孩子大开眼界,而且从感官上对材料、工具的性能产生深刻记忆,同时,也给予孩子更多自由选择,创造自己的语言。

因此我们在家的艺术课,会有各种各样的媒介。有时用宣纸沾湿了,在纸面上留痕;有时用冰凝固了水彩来作画。

罗斯科:给孩子介绍美术史不一定从古典大师讲起。

很多美术老师在给孩子介绍美术史时,经常会根据时间顺序讲起,或者专注于古典主义。但罗斯克认为,要引发孩子对艺术史的兴趣,其实更适合从现代主义讲起。因为现代艺术没有风格和传统的边界,非常自由,而且许多元素都是孩子生活中熟识的,通过现代艺术让孩子产生与艺术的连接,更加直接。

罗斯科:美育的目的不是培养专业的艺术家,而是培养有创造力的思想者和协作者。

罗斯科从不在乎自己的学生是否会继续从事艺术事业,他更看重出色的美育如何激发出孩子的创作本能。他认为,接受过良好美育的人,会更加善解人意,具有同理心,善于与他人协作。他们能够在生活中发现美,具有创新思维,并能深刻体会创造的乐趣。

集体的艺术创作,能够非常好地促进儿童的协作精神。孩子会在合作中发现惊喜和美,并意识到:通过协作,可以创造出更完整、更大规模的作品。在合作过程中,孩子也会去观察别人的表达方式。

罗斯科：多多展示孩子的作品，以鼓励孩子表达的自信心。

美育的首要责任就是激发孩子创作的自信心。展示孩子的作品，能让他们感到自己确实在创造一些重要的东西。无论是家庭展览还是公开展览，都能够激发儿童的艺术潜力。拥有真实而强烈情感的表达，便是成功的艺术。

在"PBL项目式学习"中，很关键的一环就是最终的展示，整个项目从一开始的策划、调研、创作，都是指向最终的展览。这样的展示，给了孩子创作的意义感，每一个环节都至关重要。

尤其，当不止一个孩子的作品展示在一起时，孩子们通过观察别人的艺术语言，会产生更丰富的思考。思维的扩展，是美育最重要的部分。

在家里，把姐妹俩各自创作的"甜甜圈"放在一起展示，两个孩子会发现彼此的色彩感觉不太一样，但对方的色彩组合，也有其优美的地方。

艺术大师罗斯科的这几点忠告，简单易懂，却又直击要害，值得

姐妹完成作品后相互观察和比较

我们铭记在心。孩子们天生就是艺术家，我们的任务，就是绕过误区，别让他们的创造力枯萎，提供丰富的环境，让孩子的艺术天赋长成自

己该有的模样。

04 在家就能简单上手的美术课

随着孩子们长大，准备早教游戏变得愈发轻松。在孩子们年纪小的时候，注意力集中的时间很短，往往只有10分钟，所以我需要挖空心思，一天准备很多游戏。当姐妹俩大了些，专注的时间长了很多，如果碰到一个感兴趣的游戏，她们往往能够玩很久，还很喜欢重复地玩，在同一个游戏中感受自己的进步。她们也喜欢自发创意地玩，自己给自己创造游戏。所以对于妈妈的早教任务来说，我更有了顺水推舟的感觉。

比如我们美术游戏中的一个对称图案的蝴蝶印刷，操作方法简单，颜料工具也都在自己桌旁的小抽屉里，她们每个周末都要玩，而且经常自发地进行。我越来越觉得，这就是早教前往的方向：妈妈带孩子上路以后，就逐渐隐身幕后，更多地让孩子自己来做主角，妈妈的角色是观望者，只需要偶尔给孩子提供帮助，指点方向。

如何在家给孩子上色彩美术课？我的微信公众号读者说：我鼓励孩子画水彩，但孩子好像不太知道要画什么形象，只是想把颜料弄得到处都是，这是为什么呢？该如何引导？

今天我就用实例来帮助你理解这件事：美术启蒙，真的不是"画形象"那么狭隘的一个目的，尤其对于学龄前的宝宝来说，玩色彩就是感官探索的一部分，用手和工具去探索多种媒介就是宝宝的艺术课。从这个意义上来说，美术课甚至和科学实验都是差不多的，没有太清晰的边界，孩子都是去研究材料、使用工具、体验感官，探索自己能对媒介产生什么样的变化，美术创作仅是比科学实验多了一层视觉审美和情绪表达。

孩子在游戏过程中感受的都是探索的乐趣，发展的是通感。以下面这些使用水彩的游戏为例，你会看到它们的创作目的都不是为了画形象，而是为了好玩，为了发现。这些游戏操作简单，不需要多么齐备的创作环境和复杂的工具，也不需要多少准备，可以随时随地进行，但孩子们却能够从中感受到创作的其乐无穷。这一类的创作也没有标准答案，孩子玩起来不容易有受挫感。

这就是我们"在家的色彩美术课"的思路：简单、探索、创意、好玩。

准备工作

我们的美术课，最常用的色彩颜料就是宜家的八色膏状水彩和八色荧光水彩。这两种水彩容易清洁，沾到手上用水冲掉就可以，如果不慎沾到衣服上，尽快洗掉就不会留痕迹。另外，这两种颜料的好处是特别容易挤，三岁宝宝自己就能用手挤出颜料来，五岁宝宝还会自己拧盖子。

宜家的八色膏状水彩和荧光水彩

通常我会建议妈妈们让孩子坐在高椅子上，在桌面铺上桌布再玩颜料（我们专门有一块布是画水彩用的），这样孩子不会到处乱跑，不容易弄脏，如果穿上罩衫就更保险。

纸张，我们用的是一大本的混合媒介的纸，适用于各种绘画工具，比如墨、水彩或者丙烯都可以。200厘米的厚度加水也不会透，而且买一大本50页很划算。

在家里的美术课现在开始！

孩子自己操作，对称图案的蝴蝶印刷

对称图案的蝴蝶印刷

这个色彩游戏特别简单。把A3水彩纸裁成A4的两张，再对折。妹妹把颜料挤在一侧的纸页上。再合起来，用手按压纸页中的颜料。

再打开，就出现了漂亮的对称图案，有点像蝴蝶、蛾子或者甲壳虫。

我的窍门是在靠近中间的位置挤一点黑色颜料，就更像昆虫的身体，翅膀图案上的颜料如果挤得接近一些，再用手按压，就会产生漂亮的混合色彩的效果。姐妹俩每个周末都要玩这个，还比赛谁印刷的蝴蝶最漂亮。

牛奶印刷术

我在托盘里倒入一些牛奶，让牛奶能够覆盖底面。然后让孩子选择喜欢的水彩颜料挤到其中。因为牛奶的油性，滴入的颜料会在牛奶表面忽然散开，立刻就显示出漂亮的图案。

用一根小棍轻轻搅拌，将颜色混合，或者按自己的喜好做出特别的纹路。不要搅拌得太猛，不然纹路就会过于细碎了。

把水彩纸裁成小块，放入牛奶的表面，轻轻触碰。

掀开后再晾干，纸面上就出现了蜡染一般的丰富图案，孩子们觉得

简单易操作的牛奶印刷术，最后的成品非常棒

很好玩，一口气做了好多个。

银行卡印刷

我们的美术课，目的是让孩子进行各种探索和发现，因此工具也不

必局限于传统的美术工具。比如这回，我们用银行卡或者硬卡片，也能在画布上呈现特别的笔触。

我把A3的水彩纸平铺在桌面上，姐姐选择颜料滴在纸上，再用银行卡刮颜料。银行卡能刮出很宽而硬的特殊笔触，这又是一个抽象的色彩实验。

用银行卡在纸上刮出色彩纹理

"热带鱼"手掌印刷

孩子创作形象，也可以从简单又好玩的感官游戏开始。比如在手掌上涂满了颜料，就可以创作热带鱼印刷了。

妹妹把两只手的手印都印在蓝色的纸面上，再简单加上眼睛和嘴巴，就是两条"热带鱼"了。

姐姐喜欢创作形象，她还会加上气泡和水草，画面就更生动了。

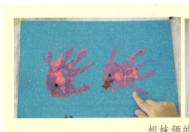

姐妹俩的作品

Suki 写生，画花园里采摘的小花

海绵刷可以产生漂亮的纹路

水彩写生

如果是喜欢画形象的孩子，还可以鼓励她进行水彩写生。

你会发现，当孩子自己画简笔画的时候，同一个事物往往每次的画法都差不多，比如花都是同一种形象。但是写生会帮助她们打破这些固有的画法局限，能够让她们观察到事物更自然和生动的形态，并探索和学习如何用色彩将这些形态展现出来。

海绵刷水彩画

我们喜欢尝试不同的工具，并观察它们在纸面上留痕的绘画效果。

海绵棒产生的纹路

于是我给姐妹俩找来了一套海绵刷工具。

海绵刷很适合进行大面积的上色和混色，小手很好拿，好操作，是非常适合小宝宝的油彩工具。而且不同的海绵刷能够在纸面留下不同的纹路和质感，这份对比与观察，对孩子来说是很有趣的。

茶包做旧地图

如果孩子年纪小，怕她把颜料吃嘴里，最安全的一个色彩游戏就是使用茶包了，而且还可以用手抓着画，很适合小宝宝。姐妹俩不到一岁就开始用茶包在水彩纸上画了。把茶包放在一个小碗里，用一点点热水泡开，不烫的时候就可以拿给孩子随便玩了。

她俩大了一些，就开始搞创意，比如用茶包做旧地图。她们用茶包在纸面涂上均匀的茶色，再用手把纸张揉烂。

打开晾干以后，水彩纸就有古老纸张的感觉了，这时就在上面画上海盗的藏宝地图吧。茶包画还可以尝试不同色的茶包，比如英国红茶会显出棕色、覆盆子茶会显出粉红色。

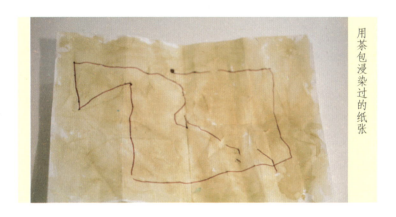

用茶包浸染过的纸张

扇子画

有时，简单的水彩画只需要换一个媒介，孩子的色彩创作欲就会大增。比如我在店里买了两个非常便宜的白色纸扇，姐妹俩一看到，就争先恐后地画起来。

姐妹俩在扇子上创作

这些画成彩虹的扇子，晾干以后也是孩子们的玩具，一开一闭就可以向他人展示自己的画作，天热还可以扇扇风，当作礼物送奶奶也挺好。

旋转画

我们大多数的色彩游戏都不需要什么特殊的道具。不过我偶然在商店里发现了一个旋转画的转盘，觉得很有趣，可以帮孩子设计游戏。如果找不到旋转画转盘，借用厨房里的沙拉滤水器，效果也是一样的，只要能转就行。

我剪出一些圆形的纸放入旋转画转盘。姐姐用滴管把食用色素颜料挤入其中。用水彩颜料也可以，但要在颜料里兑一些水，不然太稠就飞溅不起来了。

按动转盘让它旋转吧！颜料在离心力作用下向外甩出并混合。这样制作出的卡片，纹路有特别的质感呢！还可以撒一些亮粉，点缀一些珠宝贴纸，让卡片更精致。

打破边界，利用各种出乎意料的方式来创作，其实是艺术里最好玩的部分。

用沙拉滤水器旋转，也能制造出飞溅的色彩纹路

这就是我们在家的美术课，没有简笔画，没有临摹，也没有按部就班的复杂操作，它们全都非常简单，却可以让孩子随心所欲地探索和发现。

05　用颜色认知游戏，点亮孩子对世界的热爱

你一定会注意到孩子有多热爱色彩，他们总能留意到生活中被我们忽视的美丽颜色。一个小小的彩色弹珠，他们会透过光看很久；阳光通过玻璃窗反射在墙面上的小色斑，会让他们迷恋得转不开眼睛；天边出现彩虹的时候，他们会像过节一般欢呼雀跃。

为什么他们会这么热爱鲜艳的色彩呢？

其实宝宝从大约五个月开始就能看到一点颜色。即使是再大一点的孩子，他们的眼睛仍然还没有发育完全，鲜艳的颜色比灰暗的颜色在他们的视野中更突出。当孩子不断努力去理解环境时，鲜明的颜色会更加

刺激他们的神经，带给他们初步辨识世界的兴奋感。

孩子通过眼睛看世界，鲜艳的色彩是帮助他们把物体分类，并区分属性的重要标准。比如苹果和橘子，成人可能首先会想到它们不同的口味，但对孩子来说，首要区别就是他们的颜色，一个是红色的，一个是橙色的。

用颜色辨别世界，会带给他们掌控感。一个色彩缤纷的世界，会比黑白灰更容易让他们有归属感。

另外，色彩也会影响孩子的情绪和行为。操控色彩，会给孩子认知世界和掌握世界的快感和信心。因此，我们需要做很多色彩认知的游戏。这样的游戏会点亮他们的眼睛，增强他们对颜色的辨识能力，提高对色彩的理解和审美。

水彩分割画的色彩实验

一个周末，我教姐妹俩如何用水彩颜料和水制造新颜色。水彩颜料色彩鲜艳、透明，加水以后的晕染能清晰地显示出色彩叠加的变化。所以水彩是很好的色彩认知媒介。

在白纸上的色彩实验，对孩子来说可能会有点枯燥，所以我加了一点小窍门：把水彩做成很多格子的切割画，增加游戏的惊喜感。

"切割画"是一种很常见的绘画游戏。我先用胶带在纸面贴出一些切割线，要点是线条之间不要平行。胶带最好使用包装礼物的那种纸胶带，很容易撕下来，不会伤到纸。

我给姐姐四种水彩颜色：红色、黄色、绿色、蓝色，让她在每个小格子上进行不同的色彩组合，看看都能生出哪些新颜色。我告诉她，先在半个格子内画一种颜色，然后把毛笔洗一下，再加入另一种颜色。当它们混合起来的时候，看看出现了什么样的变化和晕染效果。

姐姐很喜欢这个游戏，尝试在每个格子里都呈现不同的色彩排列组合，达到不同的晕染效果。

绿色＋黄色，呈现出春天一般的嫩绿色。

绿色＋蓝色，呈现出湖水一般的孔雀蓝。

黄色＋蓝色，呈现出了绿色。

红色＋黄色，呈现出了橙色。

姐姐很有兴致地在每一个格子里进行实验，还发现一种颜色加了水以后会变浅。看到姐姐画得这么开心，妹妹也来玩，她还无法制造新颜色，也不太会洗笔，所以就乱涂。色彩本来就是可以随意挥洒的，我也帮她一起乱画。

用纸胶带来创造切割画，简单易操作

姐姐和妹妹的水彩实验，完成后是这样的（见上图完成后的水彩分割画）。

　　画完之后，把画晾干，等不及的话就用吹风机吹干。姐姐的完成稿是下图这样的。每一格都有她小小的色彩实验，因为有了整齐的白色的切割线，画面便有了色彩构成的趣味，这会给孩子不小的成就感。她很高兴地说要把画一直留着，这样就可以反复观看格子里色彩相互作用的小魔术。

　　下面再给大家介绍几个我们在小龄段玩的色彩游戏吧。

口袋油彩

　　在白纸上挤一些颜料，一起放入透明塑料袋，在桌面上贴好，让宝宝用手或者小棍来涂抹颜料，观察颜色的混合。这个方法怎么玩都不会脏。

乐高色彩配对

　　我把乐高德宝大颗粒做成不同颜色的容器，让妹妹把颜色对应的乐高小颗粒放进去。

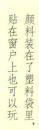
颜料装在了塑料袋里，贴在窗户上也可以玩

妹妹把相同颜色的颗粒放到一起

自制蒙台梭利色彩教具

蒙台梭利的色彩教具很有名，可以让孩子练习辨识出相似色彩之间的微妙差别。因为教具很昂贵，所以我自己制作了一套——我用24色的彩纸，包裹在一套扑克牌外面，做成了色彩认知卡片。

每张彩纸都剪下来一小条，贴在木质的洗衣夹上，让孩子们用夹子和卡片进行色彩配对。这个游戏，可以很清楚地了解孩子的色彩辨别能力，比如孩子很容易分开色差大的蓝色和紫色，但是对于色差近的卡片，尤其是不同深度的黄色，孩子就很容易搞错。

黑色水笔里都藏了什么颜色？

这是个有趣的色彩实验，可以让孩子观察到黑色在咖啡过滤纸中被

我用扑克牌和彩纸做的色彩教具

将涂黑的滤纸放入杯中

分离成彩色。我们可以用黑色水笔在咖啡过滤纸上画出一团黑色，将过滤纸折叠，使有黑色印记的部分朝下。在水杯中加一点水，将过滤纸放在杯中，下端触碰到水面。

我们可以看到过滤纸在吸水的过程中，将黑色中的色彩分离。这是一种称为色谱的技术。色彩是孩子本能的需要。色彩游戏，会让美渗入孩子的眼睛，让快乐融入孩子的心。所以，现在就行动起来，让美丽的颜色将他们包围吧!

色彩分离后的效果

2

別给孩子设限，
艺术没有边界

01　莫扎特效应：学音乐会使孩子更聪明吗

从2019年9月开始，我家老大开始学钢琴，老二也开始上音乐学校的音乐课，因此我对孩子的音乐教育更加关注了。我入手了一个方便又便宜的手卷钢琴，音色挺好听，我也忽然产生了兴趣，和她一起学。

我小时有过钢琴梦，那时心里知道钢琴很贵，就没好意思和爸妈开口。因此这么多年来，我从来没有触碰过钢琴。但我一直知道自己有一个隐藏技能：无论听到什么旋律，不用翻译和思考，我就能立刻唱出乐谱，也能在纸上写下来。

那天，我坐在姐姐的钢琴前，发现自己唱出了天鹅湖和月光曲的谱子，于是心一动，为什么不在钢琴上试试看呢？

我试着弹，发现在琴键上找音符也不是很困难的事，于是我开始了钢琴的自学之路。其实我也没有什么时间练习，每天只练10分钟。两个星期后，我用手卷钢琴弹下了贝多芬《月光奏鸣曲》的开篇；3个星期后，我学会了《巴赫小步舞曲》的开篇。后来，我还继续自学了莫扎特的《A小调奏鸣曲》和巴赫的《善牧羊群》，等等。但因为练习时间太少，所以进步缓慢。

虽然我弹得笨拙，但两个月以来，学习钢琴给我的体会极深：在学琴的时候，我需要全神贯注，既要用脑又要手指协调，既要用听觉又要用视觉，既要能读谱又要提取记忆，真是要调动整个大脑来工作！

而我作为一个大脑已经开始产生惰性的成人，已经很久没有体验过这样高强度的训练了！因此，每次练琴后，我都感觉自己大脑清醒、五感敏锐，而且负面情绪也被驱逐掉了，甚至能更快地进入写作状态。

这样的亲身体验，让我更想知道：学音乐是如何影响着我和孩子的大脑呢？

Suki 六岁开始学钢琴，享受其中

1993年，英国《自然》杂志发表了加利福利亚大学的研究——加利福尼亚大学让一部分大学生在进行智商测试前听10分钟的莫扎特音乐。结果显示，与不听音乐的测试结果相比，大学生听音乐后的智商提高了8～9分！这一成果经过《纽约时报》的报道，成了被全世界广泛传播、产生巨大社会影响的"莫扎特效应"（Mozart Effect）。

但是被人们忽视的是："莫扎特效应"其实很短暂，那些智商得到提高的大学生，马上恢复了原有水平！所以"莫扎特效应"被吹得神乎其神，其实是媒体和商家对科研论文的断章取义，并没有充足的研究证据证明听古典音乐能提高儿童的智力。

可是，长期的音乐训练真的会让人变得更聪明吗？这让我有点好奇。

"德国社会经济专家小组"（German Socio-Economic Panel）在2013年进行了一项复杂而全面的研究，他们用多年的时间，考察了长期音乐训练是如何影响儿童的认知技能、学校成绩、人格情商和志向发展的。得出结论是：接受音乐训练，对儿童认知和非认知能力的提升效果，是体育、戏剧或舞蹈的两倍。

研究还表明，有长期音乐训练的孩子具有更好的认知能力和学业成绩，更加专注、开放和有野心。

我继续搜寻，看到了更多研究证明音乐训练能够提高孩子的学业成绩。堪萨斯州立大学（University of Kansas）的一项研究表明，在标准测试中，有高质量音乐教育的小学，英语成绩比其他小学高出22%，数学成绩高出20%。

加拿大的一项研究对每年的学生分数进行测量，发现选择音乐兴趣班的学生，其学术成绩显著高出选择其他课外活动的学生。

尽管这些研究不一定能证明因果关系，但两者都指向了很强的相关性。

音乐训练能提升认知和非认知能力的缘由是什么？有更多研究给出了论据和答案：

1.音乐训练能提高阅读能力和口头表达

音调处理和语言处理能力之间有着密切练习，西北大学

（Northwestern University）研究发现，语言习得需要五种技能：语音意识、噪音知觉、节奏知觉、听觉记忆和声音模拟能力，而音乐课的训练加强了这些技能。他们让许多儿童随机进行不同课程的训练，包括美术、视觉图形和音乐，发现接受音乐训练的儿童的阅读能力有着最显著的提升。

2.音乐训练能提升数理能力

音乐的本质是数学，数学关系确定了音阶的间隔、音调的排列方式和节奏的细分。你们看过动画片《唐老鸭漫游数学奇境》吗？它对音乐和数学关系的解读，让小时候的我大开眼界。

加利福尼亚大学（UCLA）的研究表明：长期进行音乐训练的学生，数学成绩显著高于不学音乐的学生。原因是，学音乐，使孩子接受了大量的时间和空间逻辑的训练，而抽象能力在建筑、工程、计算机领域都极其重要。

3.学习音乐使用全脑，会提高人的智商

范德比尔特大学（Vanderbilt University）的心理学家发现，受专业训练的音乐家比普通人更多使用额叶皮层的左右两侧。

尽管音乐是一种情感表达的艺术形式，但音乐训练可以提高智商。大量研究发现，音乐家通常比普通人拥有更高的智商，原因是音乐家比普通人更频繁地使用全脑。这样来说，短期听古典音乐的"莫扎特效应"，对智商的提高虽然只是片刻，但长期音乐训练一定会对大脑功能产生积极的影响！

4.学习乐器会显著提高手指的精细运动能力

所有乐器都要求极高的手指灵活性和准确性，乐器训练可以让精细运动能力达到令人难以置信的程度，比如钢琴家的手指在琴键上的行云

流水让人咋舌。

精细运动的好处并不局限于音乐，《神经科学杂志》（Journal of Neuroscience）发表的一篇论文表明，7岁前开始学习乐器的孩子，联络左右大脑半球的胼胝体的连通性发生了变化，因此在非音乐的精细运动项目中也表现得更好。

5.音乐训练能提升工作记忆

这一点，我在学弹钢琴时体会很深：练习乐器对于一个人的工作记忆有很高的要求。

《今日心理学》（Psychology Today）声称：有音乐训练的人的短期记忆力更强，音乐家的记忆能力可以扩展到非音乐的语言领域，帮助他们记住演讲稿、台词等内容。

6.音乐训练能提升视觉长期记忆

音乐训练也会影响长期记忆，尤其是在视觉领域。得克萨斯大学的科学家报告说：有15年以上演奏训练的音乐家，在视觉长期记忆测试中的得分更高。其视觉记忆力的增强，可能来自于解读复杂的乐谱。

7.音乐训练能使人更好地控制焦虑

佛蒙特大学医学院（Unicersity of Vermont College of Medicine）的研究人员分析了6～18岁年轻音乐家的大脑后发现，在造成抑郁和注意力问题的大脑区域，皮质的厚度大大增加，有助于保持专注和控制焦虑。

我自己也有这样的感受。在练琴时，因为大脑高度专注，没有杂念，情绪也能很快平静和放松起来。

8.音乐训练能提高自信

多项研究表明，音乐可以增强孩子的自信。一项研究在蒙特利尔的一所公立学校抽取了117名学生样本，其中一组接受了为期3年的钢琴学习，这些学生在自信和自尊测验中的得分，显著高于没有学乐器学生的得分。高度的自信心，也可以帮助孩子在众多学术和非学术领域中成长和发展。

9.音乐训练减缓衰老的影响

音乐训练还可以延缓与衰老相关的认知能力的下降，一些前沿的医学研究将"音乐"定位为防御老年痴呆症的最有效的方法之一。

埃默里大学（Emory University）的研究发现，音乐家步入老年时，在视觉空间记忆、快速心理处理能力和思维灵活性的测试上，都比非音乐家表现得更好，大脑衰老得更缓慢。不过研究者补充说，至少需要10年时间的音乐训练才会产生这样的效果。

"尾酒效应"是很多老年人共有的听觉问题——在嘈杂环境中难以分辨声音。而有过音乐训练的老年人，在听力上要敏锐得多。

正是这些层出不穷的研究证据给出了结论，因此许多研究者都提出：每个国家的每个学校，都应该给孩子提供高质量的音乐教育。

而且不只是孩子，这些证据也表明音乐训练对成人的大脑也极其有益！如果你觉得自己已经年龄太大，错过了乐器启蒙的时期，那就看看我，走上音乐之路永远不晚，而且这一路仍然可以充满乐趣！

02　蒙台梭利：如何引导 0 ~ 6 岁孩子聆听音乐

音乐是孩子最早的语言，是声响在时间中诠释的艺术，它通过节奏与旋律的和谐，用独特的形式表达思想与情感。

音乐不被种族、国籍、语言、性别、年龄所限制，它是人类共通的语言。成人通过音乐来交流，表达情感，做出身体的反应，认同文化和创造社交体验，音乐的所有这些功能，对孩子有着同样的作用。我们总想要启蒙孩子学习语言和交流，但总是忽视孩子从出生起就已经能感受音乐这一事实。

0～6岁孩子聆听音乐的方式

我们都希望孩子能从小培养音乐感觉和音乐智慧。而我们需要做的最重要的事，就是为孩子提供聆听音乐的环境。将这样的环境准备好，孩子就可以自然、自主地去接触音乐、聆听音乐和表达自我。

创造0～6岁孩子聆听音乐的环境，最主要是通过以下几个方式：

· 歌唱

· 现场演奏

· 录制音乐欣赏

· 打击乐器体验

下面就说说我们需要具体做些什么。

1.用人声来歌唱

对新生儿来说，接触音乐最好的方式就是歌唱：妈妈的歌唱。无论是对新生儿还是年幼的孩子，都尽量不要用CD来播放儿歌或歌曲，而是要用人声。因为CD中的音乐和演唱混合在一起，对小孩子来说声音太混杂，很难分辨每一个音或每一个词，而且速度太快了。

婴儿和幼儿要听妈妈非常缓慢地唱儿歌，声音要轻柔，有眼神的交流，让孩子可以看到妈妈的唇形变化，清晰地分辨每一个词。这不仅是最好的情感交流，也是最有效的语言启蒙。从出生就聆听歌唱的孩子，人生的第一句话往往不是说出来的，而是唱出来的，通过旋律记住歌词，是孩子学习语言最自然的方式。

许多家庭喜欢播放儿歌CD来磨耳朵，这往往没有很好的效果。这样的交流是有隔膜的，孩子很难听清歌词，也难以分辨音律的细节。科学家对儿童语言学习的研究也证实：婴儿早期学习语言必须通过真人互动，而音乐启蒙也是如此。

爸妈要对婴儿和幼儿唱什么歌呢？其实不一定是儿歌。对孩子唱任何有个人感情的、优美的歌，因为这时的音乐是作为语言交流的工具存在的，唱你所爱的歌，你流露的感情也能让孩子感受到。只要旋律简单优美，用缓慢、轻柔、清晰的方式唱出来，就是最理想的歌唱。

我把孩子爱唱的歌收集成歌词本，经常和孩子们一起唱

2.演奏真正的乐器

我们给0～6岁的孩子提供"聆听音乐"的环境，最理想的状态是家里有真正的乐器，并演奏给孩子听。无论是钢琴、吉他、小提琴、长笛、大提琴、黑管，还是各种各样的民族乐器，要让孩子看到乐器如何发出旋律，看到人的身体是如何与乐器共同作用、创造出音乐的。在安全的前提下，给孩子触摸乐器的机会，去感觉乐器的形态和质感，探索

自己的动作与声响的因果关系。

如果爸妈不会演奏乐器，或者家里没有真正的乐器，可以邀请会乐器的朋友来家里演奏，让孩子有机会聆听现场演奏的同时，体会到音乐是人类创造社交体验和传递情感的重要工具。

3.复杂度缓慢递升的CD音乐欣赏

给孩子用CD播放音乐，是很多爸妈都会想到的常用的音乐启蒙，甚至从胎教时，就开始给胎儿聆听贝多芬和莫扎特。在此，给孩子的CD音乐欣赏建议以纯音乐为主，如前文所说，歌唱类的音乐最好是通过人声亲自唱给孩子。

给婴儿和幼儿播放的音乐，最好选择缓慢、优美、旋律简洁的音乐，以乐器独奏为佳，比如长笛、小提琴、钢琴的独奏，让孩子能清楚地分辨不同乐器的不同声音效果。

随着孩子的年龄增加和音乐欣赏能力的提高，可以加入多种不同类型的音乐欣赏。不一定都是严肃的经典音乐，也可以是爵士乐、民族音乐，甚至是实验音乐等。而音乐的复杂程度要缓慢递增，以培养孩子聆听的敏感性。

蒙台梭利对0～6岁孩子聆听音乐的3个重要建议：

1.把声音与视觉进行联系

蒙台梭利对聆听音乐最聪明的建议之一，就是帮助孩子把声音与视觉进行联系。不要总是播放磨耳朵的背景音乐，而是让孩子有意识地去聆听。

在播放某一个曲目时，要给孩子看和曲子相关的图片，记忆和乐曲相关的信息：曲目的名字是什么？作者是谁？它用什么乐器演奏

的？这个曲子的内
容是什么？在表
现什么情景？这
些信息越视觉化，
就越能帮助孩子
记忆。

歌词本里每一页
都有相关的图片

2.分类再分类

帮助孩子记忆音乐，一定要通过分类的方法，孩子能分辨音乐的类别，会大大提高他们对音乐的理解和敏感度。分类主要是通过4种方式：用乐器演奏分类，用作曲家分类，用音乐风格分类，用剧目（比如芭蕾曲目）分类。

可以在一段时间内只使用一种分类形式，比如通过作曲家来介绍曲目；下一个时间段再通过另一种分类形式，比如通过乐器演奏来介绍曲目。

3.让孩子自主聆听

听音乐不是任务，要让孩子感觉音乐"是自己的"，这种主动性来自于她能自己决定去选择和播放音乐。蒙台梭利会布置出一个孩子能够自主聆听的环境：自制的分类音乐CD，封面上显示出不同视觉标签，教孩子自己选择CD，自己操作音乐播放器，并学会如何爱护仪器和物归原处。通过自主选择的方式，孩子能逐渐找到自己最喜爱的音乐。

小·贴士：

这节的主要内容是以聆听音乐为主，而0～6岁孩子如何参与音乐，我没有过多地展开。但提到最常用的、也最受孩子欢迎的参与音乐的形式，就是通过探索打击乐器。

给孩子提供打击乐器，我们需要注意以下几点：

· 当婴儿能用手握紧物体时，就可以探索打击乐器了，比如迷你的沙锤。

· 一次只给孩子两三件乐器，和他一起聆听音乐，并探索如何使用打击乐器创造出与音乐合拍的节奏。

· 无论是手鼓、响板、木琴，还是三角铁，都要找到正确的名字并告诉孩子。

· 教给孩子打击乐器的使用方法和保护方法。

03 用戏剧游戏培养孩子十大能力

在英国，戏剧在早期教育中有着重要的位置。英国孩子从幼儿园开始就参与每天的"团体时间"（group time），在这个时间段里老师教孩子们听故事、听指令做动作、学习唱歌和合作表演能够收获更好的效果。入学以后，私立学校会把戏剧列入教学大纲，校园内就有剧场。公立小学也同样重视戏剧兴趣课，每学期都组织演出。学校以外的戏剧小组更是深入到每个社区中。

Suki4岁的时候每周六在戏剧学校上儿童戏剧课，我每周进行观摩，自己也被上课的内容吸引。它不是我预期中的那样固定的脚本＋角色＋对白的表演方式，其主要组成是具有创意的戏剧游戏。

孩子们来这里学习戏剧表演，不是因为有演员梦，而是在没有压力的非正式的环境中，通过戏剧游戏获得自我表达的乐趣，发展健康积极的个性，培养社会和协作意识。

通过观摩和与老师的交流，我对儿童戏剧游戏有了全新的认识，对它在孩子们身上产生的积极作用印象深刻。即使是一开始内向害羞、不听话、不愿合作的孩子，在轻松的游戏中，也开始逐渐学会自我表达、找到自信、听从指令和积极配合，戏剧游戏真的是非常全面的开发性格、情商和智商的培养途径。

戏剧游戏课对孩子的哪些方面有积极影响呢？

1.自信

孩子从戏剧中学到的最重要的技能之一就是自信，且对他们终生有益。尤其是在自发的表演中，孩子要能够评估环境、有跳跃思维、有信心进入到不熟悉的情境里去。孩子学习相信自己的想法、直觉和能力。对于内向、害羞、焦虑的孩子，轻松的戏剧游戏能够帮助他们战胜自己的胆怯。

2.专注力

在每个环节中，孩子都需要认真倾听对方的想法，轮流表演，这些游戏帮助孩子习惯于集中精力。

3.身体协调

孩子们在戏剧课上用肢体去参与游戏，可以提高其身体的灵活性和肢体表达能力。

4.社交和交流能力

戏剧课教给孩子如何清晰、大声和自信地说话，也教他们很多其他的沟通技巧，比如在社交中"破冰"。孩子们在戏剧课上建立新的友谊，结交朋友。也通过学习面部表情和肢体语言成为更好的沟通者。

5.想象力

戏剧课邀请孩子们自发地寻找自己的表演方式，自我表达需要运用想象力和创造力。

6.同理心

通过角色扮演，理解不同的角色和不同的故事背景，让孩子对他人的不一样更有同情心和容忍度。

7.协作能力

有些孩子善于合作，有些孩子更关注自己的事情。戏剧课教给孩子如何成为群体的一部分，如何与其他孩子一起协作。戏剧课比普通课堂更有利于启发不合作的孩子，因为它会给每个孩子以表现的平台，没有对错之分，所有想法都会得到欢迎和鼓励，让孩子有积极的感觉，获得在群体中的自我价值感和归属感。

8.语言能力

学习新歌、玩新游戏和参加假装游戏，都有助于孩子发展词汇和口头表达。孩子可以通过绕口令学会清晰的口语，通过背诵经典脚本而学习优美的舞台剧语言。

9.记忆力

戏剧课的规则、肢体动作、脚本内容，都要求孩子花心思去记忆。

10.视觉、音乐与文学审美

戏剧是一门综合性非常强的艺术，通过视觉、音乐和文学审美给孩子的生活带来乐趣和享受，也让孩子们从很小就有机会接触经典并参与演绎。

姐姐的戏剧课上做了很多游戏。在学期结束时，还进行了一次戏剧游戏的汇报表演。我在这里分享几个他们的戏剧游戏课实例吧。

戏剧游戏课实例

红绿灯游戏

核心练习：专注力、自控力

这个游戏我们小时候都玩过。老师在前方背对着孩子们，此时就是"绿灯"，孩子们可以快速往前走，一旦老师突然回头，就是"红灯"了，小朋友们必须立即停止动作，谁身体晃动了，就要到退到房间最远处重新开始。哪个孩子最先碰到老师的后背，就赢得游戏。

这个游戏需要孩子们高度集中注意力，要反应快并且能够自控。专注力与自控力，是对孩子未来的成就有最大影响的两个能力。

尖叫和跌倒

核心练习：情绪表达、社交破冰

孩子们站成一圈，先看向地面，数1、2、3，同时抬头并看向圈子里的一个人。如果对方没有看向自己，那么自己就是"安全"的，可以保持站立，如果两个人正好互相对看，那么就要尖叫、一起跌倒在地。站着的人继续进行游戏，直到只剩下一个人为止。

这是一个轻松的社交破冰游戏，可以让孩子们很快熟络起来，并敢于做表情。

旗帜游戏

核心练习：协作能力、社交破冰、决策、肢体表达

孩子们先是在场地中自由散步，老师大喊"旗帜"，小朋友就要随机地两个一组进行配对，一个做旗桩、另一个做彩旗，然后用身体配合演绎"飘扬的旗帜"。

这个破冰游戏鼓励孩子们大方去合作，还要在最快的时间里决定角色分配，再共同配合用身体演绎，这对小朋友来说是很有刺激感的挑战！

记忆和演绎词汇

核心练习：记忆力、语言词汇、肢体表达

这个游戏有词汇和动作的脚本，因此就有了戏剧的雏形，孩子们通过游戏可以训练记忆力。比如老师说："海蜇！"孩子们要回答："游泳！"然后做出软胳膊软腿的果冻状；老师说："圣诞！"孩子们就回答："家！"然后用手臂做出房子的造型。

在姐姐戏剧课的汇报演出上，这个词汇游戏表演有十几个单词和一整套的动作，需要孩子们花点心思才能都记住呢。

戏剧课上，孩子用身体参与游戏，很快乐

Zip!Zap!Zop!

核心练习：专注力

孩子们站成一圈，从最小的孩子开始，她拍手说"Zip"，当一边面向圈里的任意一个孩子，第二个孩子要立刻拍手说"Zap! "然后任意面向第三个孩子，第三个孩子要立刻拍手说："Zop! "然后继续zip, zap, zop，直到谁反应慢了，谁就出圈啦。

孩子们熟悉以后就加大难度，不出声，只靠拍手和看向圈中的成员而推动游戏进展。这就要求孩子们必须全身心集中注意力，观察成员的动作和眼神。谁要是反应慢了半拍，就不能再继续游戏啦。

城堡与公主

核心练习：社交破冰、协作能力、决策力、肢体表达

这个游戏和"旗帜"游戏有些像，但是难度更高一些。听老师指令，小朋友随机凑成四个一组，要在最快的时间内选出一个"公主"站在中间，其他三个孩子站成一圈，用手臂搭起"城堡"。

这是一个社交破冰的游戏，孩子要去除内心的陌生和羞涩，就要勇于与其他孩子亲密合作，还要快速地进行沟通和决策，分配角色，然后用肢体演绎出来。这样的游戏，很考验孩子的自信、社交能力和决策力。

3

从父母有意培养
到孩子自主动手

01 蒙台梭利的五把钥匙，为孩子开启艺术的大门

蒙台梭利在《有吸收力的心灵》一书中说："如果我们试着回首模糊和遥远的过去，有什么能够帮助我们重建那个时代的面貌，帮助我们想象那里的人们的生活？那就要依赖他们留下的艺术。手与心灵为伴，文明便在其中诞生。"

那么在蒙台梭利的方法中，如何让孩子开始艺术活动呢？蒙台梭利给了我们五把钥匙为孩子开启艺术世界的大门。

1. 手指精细操作的艺术准备

如果你有机会走进蒙台梭利的教室，会发现小班的桌面上摆放着很多发展手指灵活性的小游戏，孩子们可以重复地去练习，逐渐掌握每一个"工作"。

深受蒙台梭利理念的影响，姐妹俩婴幼儿时期，最受欢迎的游戏类型就是手部精细操作类的游戏。

一岁以下的宝宝还不大会拿笔，但是他们对使用手指、探索手指的功能情有独钟。姐姐和妹妹在0岁和1岁时，就开始了从易到难的各种

150

手指游戏。刚开始她们仅仅是学习用食指和拇指把小零食捡起来。随着手指变得灵活，她们开始学习抓、握、拉、扭等手指动作。婴儿时期，孩子可以玩的手部小游戏有抓球放入纸盒、把画笔塞入洗衣筐、形状分拣游戏，等等。

一岁期间，我们发明了更多简单有趣的手指游戏，比如把吸管插入纸盒的孔中、把吸管插在面团上、把小球放入细口瓶里等。这时，我开始让她们用胶棒进行艺术创作了——她们用手抓着胶棒涂抹，把各种图案的纸片贴在白纸上，一边学词汇一边就开始使用最初的艺术工具。一岁时的孩子还非常适合开始玩贴纸游戏，这需要宝宝不断地使用食指与拇指。这些手指精细操作的小游戏，训练了孩子手指的灵活性，为她们使用画笔、剪刀、胶水等工具做好了准备。

孩子到了两岁，我们就可以对他进行更细致的手指训练了，比如让宝宝把通心粉穿在硬的意大利面上、穿珠子、撕纸片等。这个期间我们大量地玩贴纸游戏，涂色书也是孩子喜欢的，可以多多鼓励宝宝用笔涂鸦。在艺术工具上，我们开始学习使用细的胶水棒，尝试使用剪刀，甚至开始体验用毛笔画水彩画了。

到了三岁，孩子就可以更开放地学习使用各种艺术工具了，比如铅笔、水笔、蜡笔、毛笔水彩、剪刀、胶棒、胶条、双面胶、黏土、贴纸、绒布，等等。你会发现孩子很渴望征服这些工具，一旦他能把某种工具使用熟练，就忽然获得了表达的自信。

四岁以后的姐姐已经对画笔、剪刀、纸张、胶棒、胶条这些工具运用自如了，她进入了一种心流状态——经常旁若无人地画画和做东西，桌面上摆满了她的各种创造物。

帮助孩子开发手指游戏，教会他掌握工具，就等于协助他上了一艘船，之后他就可以自己掌舵了。

2.以孩子为尺度的创作环境

蒙台梭利非常重视孩子的自发性和自主性，当孩子有了自发的兴趣和愿望，并能自主地获得"工作"和执行"工作"，他们的驱动力便不会被打破，并在重复执行中熟悉整个"工作"的流程。

这样一个让孩子自发自主"工作"的环境，是通过适合孩子的家具和非常有秩序的收纳系统来实现的。在蒙台梭利幼儿园中，桌椅、画架、柜子、洗手池都非常适合儿童的身高，孩子在有创作愿望时，就不必求助于成人。他们可以独立在桌面上完成作品，把废纸扔进垃圾箱，自己去清洗画板和画笔。

想当安心偷懒的妈妈，可以先设计好游戏室的收纳，在家中实现一个无阻碍的创作环境。家里没有儿童高度的洗手池，那我就在洗手池前摆放好小凳，教给孩子如何开关龙头、洗手，如何洗画具、晾干画具，在哪里擦手、废纸扔在哪里，等等。

我把创作一个作品的整个流程都教给孩子，孩子越能够自主地完整地去创作，她就越有自信和掌控感，也就更有愿望去继续从事这个工作。

一个有秩序的收纳系统，也是让孩子独立自主创作的必要条件。清晰明了的收纳，能帮助孩子记住哪里有纸张、画笔、黏土、胶水、剪刀，等等。工具的摆放越固定，材料的获得越容易，孩子越能主动去创作；艺术表达不被阻碍，他就更加容易进入心流的状态。比如，妹妹三岁时从幼儿园回到家，她想要画画或者做手工通常不用求助于我，自己就去取白纸、彩纸，坐到自己的小桌子前开始创作，身边的小抽屉里就是她随时可以使用的剪刀、胶水，桌面上就是画笔。她对这一切了如指掌，可以轻而易举地开始做想做的事。

游戏室里的家具都是孩子的尺寸，方便孩子独立操作

3.过程高于结果的艺术活动

儿童对艺术的需要和成人很不一样。成人的目标是产出艺术的结果，要看到生产出的产品。但儿童创作不是为了展示，这是儿童表达自我的本能需要。一旦有了表达，过程本身就给了她满足和快乐，她反而对艺术的结果没有那么看重了。

理解了孩子创造艺术的心理，我们在艺术活动中就一定要重视孩子想法和体验，给她以创造的空间。

我也看到过在很多美术班中，成人制作了步骤复杂的范画，邀请孩子按部就班来照做。但是，那个范画是孩子想表达的话语吗？那个过程是孩子发现自我的创造吗？所以，我们在陪伴孩子进行艺术活动时，一定要给她开放性的结果，艺术不该有对与错之分。你可以赋予他工具、媒介，甚至主题和方法，但产出什么样的结果应该是孩子心愿的自然呈现，甚至不需要在成人的意义上"完成"这个作品。

4.艺术与科学无边界的多媒介探索

在蒙台梭利的教学中，艺术和科学没有清晰的边界。尤其在儿童早

153

期的探索认知中，艺术和科学的启蒙都可以通过感官探索来呈现。我在与姐妹俩进行艺术游戏时，整个操作过程和科学实验并没有很大区别。所谓艺术活动，是在科学实验的基础上，产出一个视觉结果而已。

在我看来，这些都是"连结通感"的游戏：在感受和改变材料的过程中，对材料的可能性进行科学探索，同时加入自己的思想，最终达到某种艺术效果。在这个过程中，材料研究、感官探索、科学发现、语言表达和艺术审美都是融在一起进行的。孩子并不会把它看作科学实验和艺术创作，她们感受的是探索的乐趣，发展的是通感。

越是了解这一点，你就越明白艺术作品的结果没有那么重要。而我会在创作过程中，给孩子提供大量不同的媒介、材料、工具和方法，让孩子们用探索的方式去创造艺术。探索没有对错，这类艺术活动也不容易让孩子有受挫感，以为自己没能达到某个范

姐妹俩观看不同的艺术作品

画的标准。

5.用孩子的眼睛鉴赏艺术

在蒙台梭利的艺术教育中,艺术鉴赏也是很重要的一部分。在蒙台梭利的教室里,儿童除了可以获得艺术创作的工具和材料,还会看到墙面上大师的画作或者书架上的艺术绘本,等等。

我们的艺术鉴赏,也主要是通过阅读绘本和参观博物馆、美术馆这两种方式。

借助绘本,孩子们更多的是了解艺术品和艺术家背后的故事,比如我们有画家人物传记、大师画作解读绘本、艺术史上的故事等。

我们给孩子一系列的作品名称、艺术流派的名词,孩子并不一定记得住,也不一定感兴趣。美术馆里的艺术鉴赏,最重要的是先给自己安上一双孩子的眼睛,从他们的角度去感受,再引领他们像艺术家那样思考。

比如,如果我们想要唤起孩子对一个作品的好奇,我常会问这样几个问题:这幅画唤起了你的什么情绪?画面上的人物都在做什么?你觉得马上将要发生什么?你觉得人物之间有什么关系?你有没有发现某个细节(比如衣服上的特殊图案)?艺术家使用了什么颜色的调色板?从远处看和从近处看有什么不同?这个雕塑用了什么材料,是什么质感?

这些提问,都是以游戏的方式,唤起孩子去思考艺术作品中的故事、表达的情绪、人物、材质、色彩、细节处理,等等。

也许离开博物馆和美术馆时,孩子没有记住艺术家或者作品的名字,但是他们的感觉或许已经被唤醒了。对这些作品的思考,已经在她的思维习惯中留下了印记,而这其实就是艺术家的思考方式。

如果孩子习惯了这样的思维方式,孩子在进行创作时,也会下意识地使用同样的思维习惯。

学会思考，比字面上的认知更重要。

02　如何平衡"成人带领的游戏"和"孩子的自主玩耍"

在微信公号后台与读者的沟通过程中，我时常能看到这样一个现象：有些爸妈看到我们做了很多游戏，感觉自己对孩子有亏欠，因此在陪伴时间就用力和孩子做早教，把游戏时间安排得很满，但如果设计出的游戏孩子不参与，爸妈就会感到失望；或者孩子参与了游戏却不遵照规则，爸妈也会有受挫感，希望孩子能按照正确的玩法去玩。

因为"亏欠焦虑"而进行的陪玩，有时是会用力过猛的。到底成人在陪玩中应该扮演什么角色呢？

首先我要说到两个概念："成人带领的游戏（adult-led play）"和"孩子的自主玩耍（child-led play)"。在孩子的早教启蒙路上，"成人带领游戏"和"孩子自主玩耍"是同等重要的。我给孩子们设计了很多有益于成长的游戏，但也会给她们大量的留白时间，让她们随心所欲地自主玩耍。

成人带领的早教启蒙为何重要？

成人对孩子进行早教启蒙，可以通过观察来了解孩子的兴趣和能力，并根据对儿童的成长规律的理性理解，主动地为孩子提供新的体验，设计适合他们能力和心理的游戏。成人带领的游戏，可以帮助孩子全面地提高技能，减少他们在成长和学习中所遇到的困难。同时，父母的陪伴玩耍也是珍贵的亲子时间，孩子需要在这种爱的氛围中打开眼界，产生对事物的兴趣，知道自己在探索的时候总能得到有力支持。成人的陪伴，能带给孩子探索的安全感。

为什么自主玩耍同样非常重要？

现在有很多专家指出：我们的孩子玩得不够多，这引起了父母们很大的焦虑感，驱动他们想办法填充孩子的时间。今天的孩子们从出生起就去上早教课，从幼儿园就开始参加各种兴趣班。我们却没有意识到，这一代孩子的自主玩耍时间是人类历史上最少的。而在这之前的年代，孩子们的整个童年通常都是成群结队地在室外撒野，今天的孩子们出于竞争压力，从出生开始就处在提高技能的爬梯过程中。

我们往往忽视了，孩子们从不被打扰的自主玩耍中其实是能够获得珍贵的体验。

专注力：孩子在自主玩耍中形成的专注力是非常珍贵的，因为探索欲望是来自于内驱力，他们可以像剥开洋葱那样非常专心地研究自己感兴趣的事物。

独立能力和自信：在自主玩耍中，孩子需要亲自尝试，不断试错而得到第一手体验，而在这个过程中，他们会自己体会风险和承担风险，自己解决问题而得出结论，整个研究的过程中没有成人的干扰，会大大增长他们的自信心和成就感，激发他们的探索勇气和创意。

内驱力：自主玩耍提供给孩子的最重要的体验就是内驱力。在整个成长过程中，孩子都需要不断地与自己的内驱力联结，要非常熟悉这种欲望，清楚地知道自己想要什么。在孩子未来独立的学习和生活中，内驱力才是他们自我成长的动力引擎。

姐妹俩很喜欢在留白时间自主玩耍

如果孩子的所有时间都被成人安排的活动填满，他们就会顺应成人的意愿进行活动，会逐渐与自我意愿失去联结，将来一旦成人退出领导位置，孩子可能就会失去方向感。

怎样进行成人带领的游戏？

我们了解到成人带领的游戏和孩子的自主玩耍同等重要，那具体应该怎么行动呢？

（1）成人应该做一个虚心的观察者，了解孩子目前的兴趣和能力所处的范围。

（2）成人应该做一个提供者，在孩子有可能产生兴趣探索的方面提供环境、材料、尝试机会及陪伴；在孩子已经有兴趣的方面，提供复杂度逐渐增加的环境、材料、尝试机会及陪伴。

（3）成人在陪伴孩子的时候，可以事先计划、备有足够的游戏，但是我们一定要让孩子自己选择想要玩什么，让孩子遵从自己的意愿。

（4）在游戏中，成人是陪伴者而不是灌输者，可以展示给孩子怎样玩一个新游戏，但允许孩子用自己的方式去探索，甚至成人应该观察孩子的方式，先用他们的方式去玩，支持孩子去想象和发挥创意。成人可以在介绍这个游戏时展示所谓的"游戏的正确玩法"，但不要强求孩子遵从，也不必因为孩子选择自己的方式探索而感到气馁。

怎样鼓励孩子自主玩耍？

（1）孩子没有邀请成人的时候，就是他自主玩耍的时间。我们不要去打扰他，要给他信任，孩子通过内驱力而产生的专注力是最珍贵的。在孩子发出邀请或者游戏进行不下去时，成人可以加入成为孩子的玩伴，但允许孩子按照自己的方式探索。

（2）给孩子提供一个安全的环境，确保安全隐患减到最小。这个环境除了提供身体上的安全，更重要的是给孩子提供心理上的安全——让他们知道自己有权利触碰周围的一切，可以尽情探索，不会听到阻止和责备的声音。当他们能信任环境和自己，才能痛快地去探索、分享和发挥创意。

（3）多给孩子提供开放性的材料。这些材料不会有特别的限制，玩耍的过程没有"对"和"错"之分，可以随心想象，发现多种玩法和形式。

（4）适当计划一天的活动安排，让孩子有机会参与有成人带领的游戏，也能自发地独立游戏。乐于接受这两种游戏形式，会帮助孩子适应学校的指示性学习和独立独处时间。

（5）教给孩子一些生活技能，比如使用胶水和剪刀、开启容器、收纳玩具，等等，这样他们可以更顺利地进行游戏，不用总是求助于成人。

（6）社交环境中的自主玩耍，对孩子的智力和情商发展都更有好处，我们要多给他们创造这样的玩耍机会。同时也要教给孩子一些社交技巧：懂得分享、协作、谦让，会用感谢和道歉等礼貌用语，学习在游戏中体会他人的感觉，产生同理心。

如何平衡"成人带领的游戏"和"孩子的自主玩耍"

以我家的姐妹俩为例，在孩子们两岁以前，成人带领游戏是居多的，尤其是妹妹会比较粘妈妈，在两岁以前，大部分游戏她都要求我陪着，至少是坐在旁边。而我也耐心地接受邀请，为她提供各种各样的游戏体验。她在这样的陪伴中自信心逐渐增加，然后找到自主玩耍的内驱力。两岁以后，她独立玩耍的时间越来越长，现在她读书和玩情景模拟游戏，都可以自己进行半小时到一小时左右。这个时间里我除了做家务，也会观察她，看她有哪些进步，兴趣方面有哪些扩展。下次在我带领的游戏中，我会给她提供一些新的体验和尝试，直到她足够熟悉和自信，我再从中抽离。

我们就是这样在"成人带领的游戏"和"孩子的自主玩耍"渐进式地循环中前进。

现在，姐姐和妹妹有大量的时间是一起玩的。她们有合作、有争执，在游戏过程中学习社交技能，也相互模仿对方的创意和表现。

姐姐三岁以后，大部分时间都不太需要我们陪玩，完全可以自取材料、创造自己的玩法。当我设计游戏给她，也经常只需要我提供材料，告诉她玩法，她就自己探索去了。现在，她也很喜欢自己来创造游戏，让我参加。

举个例子吧。一天早上，她画了一张地图兴冲冲地让我按照地图上的路线去寻宝。几个线索分别是小桌椅、沙坑、有戒指的桌子、台阶和长方形的容器。

于是,我遵循地图找到了地图上画出来的小桌椅、模拟沙坑、放着她的小戒指的小桌、上楼的台阶,最终在长方形的洗衣筐后面发现了藏宝盒子。对孩子来说,她其实不太在乎是谁在领导游戏,她只想玩让她感到有趣的游戏。

03 如何引导 0 ~ 2 岁宝宝爱上画画

0 岁:解决婴儿涂鸦期的难题

有很多爸妈问何时让宝宝开始尝试涂鸦最合适?是不是要等到 1 岁以后才能够涂鸦?其实宝宝只要身体能够坐得稳,手能够抓物体抓得比较稳,就可以做涂鸦游戏了。

对小宝宝来说,涂鸦还很难说得上是培养他们的审美,那为什么还要涂鸦呢?其实这个时期的涂鸦主要帮助宝宝发展几个技能:

(1)练习手的抓握力量,为宝宝以后用笔作准备。

(2)让宝宝发现和体会因果关系。他们会发现自己只要挥动手腕涂抹,就会在纸面上留下痕迹,自己的行为可以产生结果。

(3)宝宝通过感官探索世界,记忆颜料、纸、笔的触感,可以认知颜色和线条的形态。

(4)增强宝宝的自我意识和自我情感发展,在纸面上挥舞出线条或者色块,会让宝宝有一种掌控感,她在这个行为中会发现自己的存在。

但是,婴儿的涂鸦有不少难题,主要的问题一个是口欲期,还有一个是与脏乱的战役。

口欲期

有的宝宝口欲期很长又剧烈，无论手里抓到什么都会用嘴啃。在这种情况下，我建议使用食物作为颜料。可以在纸面上留下色渍的食物有很多，比如蓝莓、黑莓、番茄酱、黄酱、咖啡渣和茶包等。它们不仅可以用来画画，还是很好的感官探索材料。以茶包为例，市面上可以找到带提线的不同颜色的茶包，正好方便宝宝用小手拿着画。咖啡渣和番茄酱都可以用手指抹着画，不小心吃了一口也无妨。

与脏乱的战役

这个年纪的小宝宝涂鸦起来，是很容易让有洁癖的妈妈神经紧绷的。他们画画时经常一眨眼就把周围弄得一片狼籍。我的建议是给宝宝穿上罩衫，让宝宝坐在较高的椅子上，这样宝宝既不会到处乱跑，手臂活动的范围也有限。坐着画画也帮助宝宝延长了专注时间。

如果妈妈希望宝宝画画时完全干净，也可以把颜料放在口袋里，贴在餐桌上玩。宝宝可以用手指隔着口袋涂抹颜料。

小宝宝的画画工具

如果宝宝的口欲不那么严重，就可以尝试让他用笔画了，但是要有成人监督，防止宝宝吃画笔或者颜料。小宝宝手的抓握能力还有限，我建议使用特别粗，甚至有圆形把手的蜡笔。粗的画笔也适合小宝宝及幼儿使用，我们很喜欢用思笔乐的画笔，它有着处在铅笔和蜡笔之间的质感。除了方便小手抓握以外，它最大的优点是特别容易上色。很多普通的蜡笔和铅笔都要很用力才能显色，小宝宝画不出痕迹就会失去兴趣。同时也可以让宝宝在玻璃上画，一擦就掉。上一点水的话，还会出现水彩效果。

等到宝宝的抓握能力更好了，就可以自由地用纸笔绘画了，普通的儿童水笔就可以满足需要。这个时期的宝宝画的通常是以肘部为轴心的弧线，她会反复画出这样的线条，并在这种重复中找到掌控感和自信心。

一岁：在绘画游戏中建立自我意识

一岁宝宝所专注的是涂鸦这个行为本身，他不断被活动手臂挥动画笔而留下痕迹的因果关系所吸引。一岁的宝宝并不在意画出来的是什么效果，只专心享受画画的过程，能够留痕本身，就让他觉得足够神奇。一次次重复地发现自己的某个行为能够产出有趣的结果，他便会在这个行为中感受到自我的存在。这样的过程给一岁宝宝自主感，可以帮助他发展自我意识。他也逐渐发现自己的情绪会改变画的方式，方式会改变画的结果，因此绘画是一件可以与情绪联结的事。在没有外力干扰的绘画表达探索中，宝宝会越来越放松和愉快，并在其中发现

把装颜色的袋子贴在玻璃上

自己。

口欲期结束之后，我们就可以引入水彩了。比起儿童水笔，一岁宝宝拿起水彩笔刷会更加愉快，因为水彩笔刷很粗很好拿，也更容易上色，而且水和颜料能带来更多的感官刺激。水彩能够很好地帮助一岁宝宝发展自我意识。

下面我就来列举一些一岁宝宝的绘画游戏实例：

玻璃窗水彩

这个游戏可以鼓励一岁的宝宝坐直身体，甚至尝试站起来画。我把彩色颜料放进塑料袋贴在玻璃窗上，透过光，色彩鲜艳醒目。宝宝隔着口袋用手涂抹颜料，既不会把手指弄脏，也不会把衣服弄脏。

妹妹玩这个游戏时会用手指把颜料压扁，把不同颜色的颜料融合成新颜色。当颜料都压得扁平就变成了书写板，我给她一个小棍子，她就可以在上面画线条画，手一抹，线条就再次消失了。玩这个安全的游戏不用担心宝宝的口欲期，也不用担心她把环境弄脏。

一岁的水彩画架

画纸

可以放书或杂物固定纸板

放颜料和画笔

我用纸箱做的桌面画板

妹妹在画板上作画

我们可以给宝宝用纸箱做桌面画板，这样可以让一岁宝宝尽情画水彩，又不会弄脏。为什么要给一岁的宝宝制作桌面纸箱画板呢？因为画架对一岁宝宝来说太高，抬着胳膊画几分钟就累了，颜料也会掉得到处都是，宝宝甚至会拿着笔到处乱跑。一岁的宝宝最好能坐在桌前画画，舒服的姿势能增加其专注的时间。

自制桌面画板的托盘前方有个空隙，画笔和调色盘正好可以放在托盘里，画面上的水和颜料也不会滴落在桌面上。

水彩印刷工具

画水彩的工具并不一定局限在水彩笔刷和画纸上，海绵和滚刷也是非常适合幼儿的水彩工具。不仅小手很好拿，而且可以大面积上色，画出来有突出的视觉效果，能让一岁宝宝很快兴奋起来。我给姐姐和妹妹准备了整套不同大小和形状的海绵刷和滚刷，用它们画出来的效果也特别漂亮。

滚刷绘画的效果是这样的：

厨房的工具也可以用来让宝宝进行水彩印刷。自制纸箱画板下面的托盘就可以用来进行印刷游戏。这个土豆泥工具可以在纸面上印刷出好看的纹路图案，妹妹需要很用力在纸面上压（见上图）。

妹妹用滚刷和土豆泥工具制作的作品

在浴缸里画水彩

如果担心宝宝把房间弄脏，也可以让他到浴缸里画水彩，怎么画也不怕脏，浴缸壁上的颜料用水一冲就消失了。没有大人在耳边不停唠叨"别画到这里，别弄脏那里"，宝宝会画得格外自由放松。

Suki 婴儿时在浴室里画画

用彩色圆点给插画上色

宝宝一岁的时候就有玩上色书的愿望了，当他看到有黑白线条的插画，会想要用笔在上面乱涂。但他的能力还很难达到上色的目的，不会大面积涂色，也无法将画笔线条控制在边线内。但是这个年龄的宝宝对贴画的掌握，要比画笔快得多，而且他们非常喜欢用手指贴画的过程。贴画，也会锻炼宝宝的手指灵活操作性。

我和妹妹用彩色圆点贴画来给插画上色，这个方式她很容易控制。我看到她已经在对图案和色彩进行思考了，开始理解某一个图案里应该填入某一种颜色。她会把圆点贴在眼睛上，或者在树叶的周围贴很多绿色。贴好后，她还会给自己鼓鼓掌。这种圆点贴画，通常在办公文具用品中就可以找到。

一岁的 Sula 用彩色圆点给插画上色

04　如何引导 2 ~ 3 岁宝宝爱上画画

两岁和三岁宝宝的涂鸦特征

宝宝在一岁时，涂鸦的线条还是以肘为中心的杂乱的弧线。两岁左右，他们就能控制不同形态的线条了。比如妹妹在22个月时，有时会画短小密集的细线，有时会挥动胳膊画出流畅的大弧线。

宝宝再大一些就会发现画圈圈的乐趣。一开始画圆还不会封口，逐渐地就能画出完整的圆了。两岁时，宝宝会用圆形表现世间万物。

三岁的宝宝涂鸦时会在画面中呈现客观事物，比如在圆圈里加两个圈当作眼睛。人物经常一开始没有身体，再慢慢会画出手臂、腿、鼻子、嘴巴等细节。另外，他们也会开始尝试画熟悉的事物，比如气球、树、花、房子、动物、车等。他们一开始所画的通常是走样的，谁也认不出来，只有他们会自信地介绍自己画的内容。逐渐地，宝宝的涂鸦能

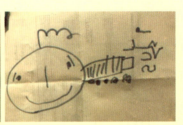

姐姐刚过三岁时画的"穿裙子的妈 姐姐三岁半时画的托马斯小火车
妈、拿杯子的爸爸和弯腰的奶奶"

让人辨认出客观事物来。

快四岁的宝宝开始尝试在画面中构图，把几样事物摆在一起，人物也会有更多细节。比如四岁姐姐的涂鸦画便复杂了一些，有人物、房屋、天空、云烟、树木、花朵和草地，她开始试图表达空间关系。她画的妈妈，也开始有了头发和衣服上的图案。

幼儿需要在独立的涂鸦探索中发展自己的思维，完成自我学习的过程，学会将心象与视觉进行转换。因此，大人不要去教他们画

画，也不要去否定或横加干涉，要留给他们发展完整思维过程的机会。

每个宝宝的涂鸦敏感期都不一样，涂鸦发生的早

姐姐三岁半时画的家的场景和一家四口人

晚和步调也不同。我们不要用僵化的发展里程碑去评判宝宝，也不要拔苗助长。我们尊重宝宝自身的敏感期和发展规律，爸妈需要做的只是细心观察，随时倾听和鼓励他们，为他们提供环境、工具。

鼓励自主涂鸦的绘画环境

经历了一岁期间的涂鸦游戏，两岁的宝宝对画画会更有自信，也更有主见和愿望。这时，他们很可能会主动要求涂鸦，而且更希望独立进行。因此从这个时期开始，我们需要为他们创造一个适合绘画的环境。我们的游戏室的绘画区是这样布置的：

（1）画架。两岁宝宝的身高足够高的时候，就可以给他们提供画架。画架的好处是纸面大而醒目，有邀请画画的诱惑性。画架前放好画笔，他们就可以随时拿起来进行涂鸦。

（2）儿童桌椅。一套适合儿童尺寸的桌椅，可以鼓励孩子自发地进行绘画和手工。高度合适的儿童桌椅可以帮助他们形成良好的坐姿，尤其有助于延长专注力。

（3）随时准备好涂鸦的纸笔。在她们睡觉或者不在家的时候，我总

169

会在画架和桌面上准备好白纸、彩纸和彩笔，也经常会从上色书里撕下一页放在桌面上。不用请求大人就可以自主开始，这会大大增加她们画画的几率。

（4）画纸尺寸。我会提供A3和更大尺寸的画纸，让她们更习惯于大面积的构图画画。如果宝宝一直习惯了在小张的纸面上画画，以后遇到大纸面的创作可能会感到无所适从，所以不如从一开始就给她们足够的作画面积。

有的妈妈会问我："使用很大张的白纸，宝宝太浪费怎么办，有时他们经常画几笔就翻到下一页了。"

我倾向于买很薄的A3儿童涂鸦簿，价格比专业画纸便宜得多。对于孩子没画几笔就翻过或扯下来的纸张，我会捡回来再摆在桌面上，供其再次作画或者玩贴纸游戏时使用。

两岁和三岁宝宝的涂鸦工具

两岁宝宝开始对不同颜色的画笔产生了兴趣。妹妹有时在画画时，对不同颜色画笔的兴趣比画画本身还大。所以，我给她们提供了以下工具：

前面提到的思笔乐粗画笔，仍然适用于两岁和三岁宝宝，而且强力推荐。

快到两岁的妹妹也很喜欢一桶迷你彩色儿童画笔，一共60种颜色。这套笔是舅妈送的，英文叫做"Mini Fibre Tip Pens in a Tub"（浴缸里的迷你纤维笔）。这些画笔即使只是摆放在一起颜色也很漂亮，很容易吸引处于色彩入门期的宝宝。她从9个月时就喜欢拿着它们做"取出来、放进去"的游戏，一岁多就开始主动拿着它们涂鸦。

三岁的宝宝开始专注于涂鸦的形象时，时常会忘却颜色这件事，也不会留意用"正确"的颜色表现事物，而是更喜欢用一支笔进行到底。这个

三岁半时，姐姐开始偶尔用不同颜色画身体的不同部分

年纪的宝宝涂鸦时会把注意力都放在"形"上，这是很好的事，不用去纠正。当涂画事物的"形"更加游刃有余时，宝宝自然会开始对事物的颜色感兴趣。

三岁的姐姐更爱用一套约翰·路易斯（英国连锁百货商店）的一桶100支彩笔。这一套涂鸦笔更粗长一点，有100种颜色。它们非常容易在纸面上色。姐姐在家的大部分自主涂鸦都是用它们完成的。

在旅行中，我们用一款五色荧光笔。它们不容易丢失，不占地方，容易上色，小手好拿，而且宝宝可以自己开合笔帽。

两岁和三岁宝宝的水彩工具

画水彩和线条涂鸦略有不同，可以帮助宝宝发展某些不一样的技能和感觉。

线条涂鸦可以让宝宝练习握笔以适应以后的书写，发展心象到视觉的转换思维，探索对外界客观事物的认知，增强图像记忆力。

在水彩画中，色彩的变幻更加自由，水与颜料的质感会提供更多感

官刺激。水彩笔刷的粗放笔触，会让宝宝感到愉悦和放松，同时也会让他们感受色彩的丰富变化，欣赏抽象的图案和纹路本身的美感。

有的宝宝对使用儿童画笔涂鸦很犹豫，总想让大人画给他们看，这很可能是因为他们以为画画就等于画出具象的客观事物，因此总是心感畏惧。让宝宝尝试水彩，会帮助让他们打开思维，让他们用一种更放松的方式进入绘画世界。

水彩绘画的颜料，我们用的是宜家的饼状水彩和八色膏状水彩，笔刷也可以在那里找到。饼状水彩这一套加一点水就很容易沾到颜料，不像我们之前用过的一些饼状水彩要用笔刷使劲刮才有颜色，宝宝很容易气馁。这个饼状水彩画出的效果比较透亮，具有水晕染的感觉。

宜家的八色膏状水彩我们也比较满意，三岁宝宝可以自己选择颜色、打开盖子挤颜料，而且开口小，不容易脏到手。我们之前用过的很多膏状水彩，挤的过程经常是一片狼籍。膏状水彩画出来的效果比较厚实，色彩浓艳。

调色时，用纸盘来做调色盘，不仅面积大，宝宝挤颜料的时候也比较放得开，画完后直接扔掉就好。有的妈妈说自己的宝宝不知道洗笔，画出来的水彩都是脏颜色。这个是很常见的现象，这个时期宝宝不会有脏不脏的概念，混合颜色更多是因为好玩，不用特别去纠正，只要时不时提醒宝宝，笔刷洗过以后画出的颜色更靓丽就好。宝宝要花一段时间才会理解，姐姐是三岁以后才开始有洗笔意识的。

除了鼓励两三岁的宝宝用儿童画笔涂鸦和画水彩以外，幼儿非常喜欢参与有不同材质、工具和步骤的绘画，这对他们来说更刺激感官发展、更好玩，更具有探索性。所以对于不喜欢用儿童画笔涂鸦的宝宝，我强烈建议给宝宝提供水彩类和感官探索类的绘画游戏，帮助宝宝打破工具的局限，引入更多有趣的媒介，让宝宝在感官游戏中爱上画画。

05 学龄前的孩子怎么选择美术班

说到一个现象，也许大家会感到意外：英国小朋友的兴趣班特别丰富，但是在国内很火爆的学龄前美术班，在英国却并不那么普遍，即使能找到的美术班，也并不"教"孩子画画，而只是引导孩子参与创作游戏。

为什么不"教"学龄前的孩子画画

体育、舞蹈、戏剧，等等，都是需要按照指令完成具有清晰的反馈机制的科目，孩子可以知道自己的水平在哪里，哪里做得还不够好，还能怎样进步。

但是美术很不一样，美术是一个纯创意的活动，它的反馈也是主观的，它并没有一个如同拆解指令的步骤：该如何做，怎样做不好，怎样做才好。

在美术史上，你也可以看到好作品的标准总是在不停变化的，采用任何手法都有可能成为独树一帜的大师。

每一个孩子天生都是充满创造力的，尤其是在学龄前，孩子的绘画都为了主观的表达。这个时期的孩子还不太善于进行观察性的绘画，或者以创造视觉效果为目的的绘画。他们画画是真实思考和真心表达的一部分，是为了游戏和探索。

学龄前孩子画画的原创性是非常完整而自信的，但这种原创性也很容易被影响。如果孩子相信自己需要遵从他人的"好"或者"不好"的标准，因而改变了自己内在的创作冲动，这将是非常大的损失。

原创性是一种"要一直忠于内心第一直觉"的习惯，一旦丢失要重新找回是非常困难的。如果总是为了迎合他人的标准而作画，孩子会逐渐对自己内心的第一直觉失去信心和联结。

因此我不赞同用大人的标准去教孩子如何绘画。我认为保护孩子原本的内在创造力特别重要。孩子不应该过多地被大人所认为的"好"与"不好"所影响。

好的美术班里，每个孩子的作品都大不相同

不"教"孩子画画，并不是不进行美术启蒙

然而，不"教"孩子画画，并不是不给孩子美术启蒙。正相反，美术启蒙是非常重要的，可以拓展儿童的创新型思维，激发孩子的美感与巨大的想象力，促使孩子开展探索和实验，更关键的是可以帮助孩子建立思考与表达的自信。

那么美术启蒙和教孩子画画的区别到底在哪里？

美术启蒙的关键词是参与。在英国的幼儿园里，有许许多多的美术活动鼓励孩子们去参与创作。

　　我对孩子们的美术启蒙从她们出生就开始了。因为我个人在美术方面的经验比较多，所以比较有信心在家给她们进行美术启蒙。

　　许多缺乏美术经验的父母也希望孩子能从小获得美术启蒙，就倾向于寻求美术班的帮助。那什么样的美术班可以给孩子提供很好的启蒙教育，却又不会损害孩子的原创性呢？

　　我的标准有下面这些，希望能帮助大家谨慎地选择好美术班。

美术班不该做什么

　　（1）美术班不应该教孩子画造型

　　我反对教孩子画造型的课程。教给孩子如何画造型，本身就是在扭曲孩子的原创力。小孩子是很容易受造型的影响的，比如一堂美术课，如果教给孩子一只瓢虫的造型该怎样画，孩子学会了以后，很可能就不太会用自己的方式画瓢虫了，以后画的瓢虫也可能都是一样的。所以，我们在选择美术班的时候，要避免那种老师给出范画，让孩子照着画的课程。

　　（2）美术班不应该严格要求孩子按照步骤进行

　　美术史的推进，本身就是探索的推进。没有哪种探索是错误的，因此在美术创作中，也没有绝对错误的步骤。

　　老师可以给孩子展示材料、工具的使用方法和步骤，但我认为如果孩子想要用自己的方式去尝试，也是完全可以的。如果老师要求孩子必须按照某种步骤去实现作品，那在我看来就是违背了美术的探索精神。

　　（3）老师不应该给孩子修改作品，也不应该用"好"和"不好"来评价

　　美术的原创度是非常重要的，任何人的修改都会破坏这个作品。美术作品的好坏，也是主观的。老师所关注的应该是孩子在创作时是如何

思考的，比如在孩子画完之后，引导孩子阐述他在创作过程中的想法，然后可以用提问的方式去引导孩子尝试不同的手法。

老师的作用是促进孩子进行美术创作的思考，而不是一个评判机制。老师不是"教"孩子应该怎么画，而是让孩子"参与"各种不同的绘画方式。而孩子会从老师的提问中逐渐学会像艺术家那样思考和总结。

美术班应该做什么

我在家给孩子进行美术启蒙，都是围绕下面这几个方面进行的：

（1）帮助孩子广泛地探索材料、工具和手法。我认为孩子在学龄前，了解和学习不同的材料和工具是最重要的事，在这一点上，美术绘画和感官游戏其实没有本质的不同。只不过美术绘画的结果会留下视觉效果，而在游戏的过程中，孩子都是在了解和感受材质，体会自己的双手能对这些材料产生什么作用。

在很多情况下，材料和工具也是一回事，材料也可以当作绘画的工具。姐姐和妹妹在家里的美术启蒙，就会用到各种材料去创作。比如她们使用到的材料有油彩、冰、泡泡包装、喷枪、棉花、泥巴、卡纸、布、胶带、海绵，等等。

孩子通过不同的材料进行绘画游戏，可以深刻体会到艺术的材料和工具是没有边界的，任何事物都可以用来进行艺术探索，创造美。创作是不被材料、工具和主题所束缚的。

我认可的美术班老师的主要功能，应该是给孩子提供绘画的环境、材料和工具，给孩子展示游戏的手法，一起观察绘画的视觉效果，鼓励孩子尝试创作自己的作品。

比如我在姐姐的
幼儿园举办了一次冰
画的活动——我把颜
料冻在冰块里面，让
孩子们探索冰块颜料
在纸面的留痕效果。
停留的时间长短都会
对画面有所影响，不

我们在家经常使用有趣的材料创作，比如冰画

同颜色冰块的混合会产生不同的色彩。这个游戏孩子们特别喜欢，他们
创造出了几十张异彩纷呈的作品，老师把它们都贴在了墙面上，做成了
冰画展示。

其实我眼中的美术课，和手工、建筑甚至科学的启蒙都如出一辙，
都是在让孩子体会材料和事物的特征和性能，学习工具的用法，观察自
己实验出的效果，鼓励孩子去探索新方向并自己总结经验。

我一直认为学科是不需要清晰的边界的，学科越融合越好。比如我
们在家是用咖啡滤纸来分解颜色，让孩子观察色彩的变化，用滤纸制造
出蝴蝶的翅膀。这到底是美术、手工还是科学呢？是什么学科并不重要，
对孩子来说，认识事物、用材料来创造有趣的东西，探索本身就是目的。

（2）临摹与写生。我较少让学龄前的孩子临摹，即使临摹也只临摹
大师的原画。孩子们会用自己的方式诠释大师的作品，在临摹的过程中
也会去观察大师是如何作画的，学习像大师那样思考。

如果想让孩子学习造型，不要给孩子简笔画去学，而是要让孩子学
习观察。最好的方法就是写生，用眼睛去观察现实生活中的事物。比如
有段时间姐姐画的蝴蝶翅膀都是打开的，我就让她观察花园里的蝴蝶翅

膀合起来的样子，后来她就学会如何画了。这不是教孩子画画，而是教孩子观察，让孩子学会用眼睛去看，用语言去描述。

所谓的美术启蒙，不是为了让孩子的笔下立即呈现出什么结果，而是把美的探索意识和求索的方法根植在他们的思维习惯中。只有善于观察和思考的人，才能成为艺术家。

06 十五个好玩的绘画游戏

两岁：发展自主画画、打破工具局限

两岁宝宝开始有了画画的自主性，因此需要在环境布置上给予她更多自主画画的支持。这个年纪的孩子也非常喜欢感官探索游戏，对各种材料和工具都会有跃跃欲试的参与感。因此，可以通过打破工具局限，尝试不同媒介，来引导她进入美术创作的世界。

△ 食用色素画水彩 △

食用色素绘画最好在口欲期以后进行，比水彩颜料更安全。翻糖蛋糕用的液体色素可以画出鲜艳的色泽，颜色很漂亮。

让宝宝用食用色素画画

用手指画可以帮助她探索和记忆触感的感觉。

△ 棉签画彩蛋 △

如果水彩笔刷不那么容易控制，也可以让宝宝试试用棉签画水彩。用棉签可以练习宝宝手指的精细操作，画出的水彩笔触也更细腻。

用棉签和水彩制作彩蛋卡片

我们用棉签水彩来制作复活节彩蛋卡片。

△ 水枪画水彩 △

给一到三岁宝宝设计画画游戏，最重要的是要好玩。打破工具的局限，使用特殊的材料和媒介，会让宝宝更有兴趣参与。对于这个游戏我们可以用水枪画水彩，把画架搬到院子里，将蓝色颜料稀释以后注入水枪，喷射在纸面上。

这个过程创作起来又快又刺激，做成的卡片也有别样的视觉效果。

用装有颜料水的水枪作画

准备材料

△ 剃须泡沫印刷 △

这个游戏是用爸爸的剃须泡沫进行印刷。我用滴管准备好三种颜色的食用色素、几根小棍子和塑料盆。

我把剃须泡沫挤到盆子里，姐姐把滴管里的食用色素挤到泡沫上，用小棍搅拌出图案，然后用一张彩色纸倒扣在盆里，就印刷出了泡沫上的纹路，晾干以后就是画作了。

剃须泡沫也是质感很有趣的材料，绘画课的结尾她会脏玩泡沫，探索泡沫的质感、温度在手中的变化。剃须泡沫在游戏之后需要洗干净，不能吃进嘴里。

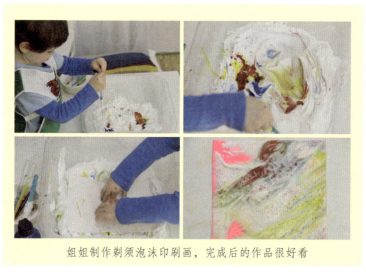

姐姐制作剃须泡沫印刷画，完成后的作品很好看

△ 冰画 △

冰是小朋友都喜欢的感官游戏材料，这个游戏中我们用冰来画画。我把食用色素或者水彩颜料挤在冰格里，颜料不要放很多，加入水，放在冷冻柜冻结成冰块。取出以后，在托盘里放水彩纸，冰块有颜料的一侧朝下放在纸面上，只要宝宝用小手滑动冰块上面的部分，就可以画画了。随着冰一点点融化，纸面上留下的水彩痕迹越来越鲜明，随着冰块滑动，色彩还会出现水晕染的漂亮效果。

姐妹俩很喜欢冰画，玩得不亦乐乎

而且这个游戏可以玩得很干净。

后来我受到姐姐幼儿园的邀请，和十几个小朋友一起玩冰画游戏，大受欢迎，而且创作出来的作品各不相同，都很有大师范儿，老师还用这些作品装饰教室墙面。

三岁：手指精细操作升级、挑战多步骤创作

当三岁宝宝的手指精细操作能力有了显著提高，他们就可以进行更繁琐的多步骤创作、画具象的图案、用剪刀，独立完成从准备颜料到结束创作、清洗工具的整个过程。所以这个时期可以给宝宝提供不同步骤的有趣创作，工具和媒介也是越多样越好玩。

△ 烤瓷 △

自打去过了婶婶的玻璃工作室，姐姐开始对用熔炉进行艺术创作充

满了兴趣。可家里哪敢摆熔炉那样的神器。这时候可以降几级，尝试一些用烤箱可以简单处理的艺术创作。我找到了一只绿色瓷器笔，姐姐用它在瓷器上作画。作画过程其实就是在白色的瓷杯瓷碗上狂扫一通，之后把它们放进烤箱，160度烤90分钟，拿出来放凉以后，线条就神奇地附着在瓷器上了，连洗碗机都洗不掉。

简单的图画却可以永久保留，姐姐很开心

姐姐看到自己创作了永久性的艺术品，激动不已地把它们送给了爸爸和奶奶，再后来她的瓷器画创作就认真了很多，开始写名字，画具象的事物。有了这次的初始尝试，我们很期待她以后使用多颜色的瓷器笔作画。

△ 宣纸晕染做圣诞卡片 △

每年圣诞我都会让姐姐手工制作祝福卡片。即便卡片的效果不完美，可亲手制作的和店里买的意义不同，家人朋友会收到一份专属的爱心。这次我们尝试用可溶性宣纸上色和制作卡片。

因为可溶宣纸沾水后掉色会很厉害，我要先在桌面铺上保护毛巾。我把圣诞颜色的可溶宣纸剪成碎片，在卡片旁边摆好，再准备一小碗水和海绵。

姐姐把这些宣纸碎片沾上水，再平整地放到卡片上。她把卡片的正

姐姐用宣纸自制圣诞卡片

面盖满，再用沾水的海绵轻轻把宣纸抚平。不同颜色的宣纸碎片重叠的部分慢慢会产生出漂亮的晕染。

等待几个小时，在宣纸快干时可以用吹风机彻底吹干。把宣纸掀开以后，卡片的底色就做好了。姐姐对这个不同寻常的上色过程兴趣盎然，独特的色彩效果也是平时使用油彩难以实现的。如果铺宣纸时碎片不够平整，底色中间会有一些未染色的白色缺口。

我们又剪出了一些不织布的圣诞布丁贴在做好底色的卡片上，这就是我们的圣诞卡片。

自己做的卡片，诚意满满

183

△ 光盘陀螺画 △

我们做了一个有趣的自动绘画实验。用胶条把彩笔固定在一个CD光盘上，旋转它，彩笔就自动地在纸面上留下旋转的画痕。CD光盘的平衡效果很好，可以让画笔稳稳地跳舞旋转挺长时间。

姐姐 Suki 用光盘陀螺作画

△ 爱画画爱刷牙 △

这个绘画游戏可以帮助孩子爱上刷牙，我在彩色纸上画出两个牙齿的角色，给她白色颜料和牙刷。我教给她一首儿歌" this is the way we brush our teeth"（我们就是这样刷牙的），她可以一边唱歌一边把小角色刷白。

可以让孩子把画笔换成牙刷，让孩子学会用不同的工具，也可以增强孩子保护牙齿的意识。她还要求自己来画牙齿小人，把牙齿上的小怪物都刷走，刷得白白的。

Suki 用牙刷把小角色刷白

△ 叶子拓印 △

我们从院子里采集来形态不同的叶子，用胶条贴在白纸后面，翻过来以后，姐姐用手指摸出叶子的位置，用彩色粉笔轻轻在纸面滑动，就能逐渐拓印出叶脉的纹路。

用彩色粉笔做叶子拓印

△ 给爸爸的情人节卡片 △

在这个游戏中，我鼓励三岁的姐姐使用剪刀。剪刀的使用在孩子三岁之后会是一个重要的技能。我把彩色纸对折，画出半个心形的线条，然后让她沿着线条剪开。剪好后将对折的纸打开，就成了心形的模子，再放在卡片上往里面填水彩。

有了模子，她就能画出规整的心形，这给了她不少掌控感和信心。所以一个模子她画了三张卡片，有的用饼状水彩，有的用膏状，效果不

Suki 独立制作心形卡片

太一样。

△ 擀面杖印刷 △

厨房里有很多工具可以让宝宝用来画画。我家有大小两个擀面杖。我把气泡纸包装包裹在擀面杖外面，用橡皮筋固定住。

用擀面杖和泡泡材料作画

餐桌用毛巾保护，然后铺上大张的纸。这也是有趣的印刷游戏，三岁宝宝可以独立完成。她选择自己喜欢的水彩颜料，挤在纸盘里，刷到气泡纸上，在纸面上滚动和印刷，这些步骤都可以自己操作。

不同色混合起来印刷，会形成有着变化色的泡泡图案。这是姐姐制作的春天卡片。

Suki 做的春天卡片

△ 滴画法画彩蛋 △

下面这个游戏手工步骤更多一些，对技术要求也更高。首先我们用铁签给鸡蛋穿孔，然后对着一个孔吹气，把鸡蛋黄和蛋清吹出去，再用毛根（扭扭棒）把三个蛋穿起来。

把鸡蛋穿孔后用扭扭棒穿起来

我使用酒瓶当做固定基柱，如果家里有瓶装矿泉水也可以。把毛线两端系在瓶子上方，用毛根把鸡蛋壳悬吊在毛线上。姐姐将食用色素滴落在蛋壳上方，色素流下来就在蛋壳上形成了五彩的图案。这个步骤用

制作圣诞节彩蛋

水彩和笔刷也可以完成。

最后，将毛根一端系好毛线，把毛根从蛋壳里拉出来，毛线也就穿入蛋壳里了，打好结，挂在树上，这就是我们的复活节彩蛋。

△ 滚珠抽象画 △

我们制作的纸箱画架是多功能的，下面的纸箱托盘可以用来做这个游戏。

我准备好托盘、水彩纸、颜料，外加十来个弹珠。弹珠就是创造这些纷杂随机抽象线条的工具。

姐姐选择她喜欢的任何颜色，挤到托盘的纸面上。把十几个弹珠放到托盘里，尽情摇摆吧！弹珠沾染了颜料，随着托盘的倾斜和摇动在纸面上留下随机的线条。纸箱托盘的边缘有3厘米高，弹珠不会跳出来，而且正好能在画纸边缘留出弹珠半径宽的空白。

弹珠也是她最喜欢的事物之一。这个游戏，创作起来很简单，她也玩得很高兴。

制作托盘，准备材料，开始翻滚吧

△ 胶冻球印刷 △

作为感官探索的材料，比冰更吸引孩子的是果冻胶，晃动的半透明胶冻质感总能赢得她们的欢心。这个游戏也是多步骤操作，类似于烹饪。

这种胶冻粉末可以食用但没有味道，所以宝宝不会很喜欢吃。把粉末加入水里，搅拌后煮开，加入到球形的模子里。姐姐在每个球里加了食用色素。

胶冻球半干的时候，可以用来在纸面上作画。球的上方不掉色，可以用手拿着画，下方有颜料的部分会在纸面上留下圆形的明亮印痕，画作的效果挺特别。

胶冻球全干了之后，就可以捧在手里玩了。姐姐又制作了一轮"胶冻怪物蛋"，把一些"小怪物"藏在里面，好朋友来玩时，大家一起用餐刀切开胶冻蛋，把"小怪物"找出来。

十五个好玩的绘画实例，希望宝宝们都能玩得开心，爱上创作与绘画！

制作胶冻球作画

07 1～6岁涂色书的正确打开方式

为什么要使用涂色书？

使用涂色书的目的，不是为了要求孩子正确地涂色，而是以此为契机，鼓励孩子用笔，在纸面上留痕。

很多年幼的孩子面对白纸涂鸦会感到有压力，不知从何下手，专注的时间很短，用手划拉两下就结束了。但是涂色书因为画面上已经有了一些线条，有的是孩子喜爱的图案和形象，这些图案和形象能够减轻宝宝的焦虑，更愿意用笔参与涂写，这样就增加了专注的时间。比如喜欢轮船的宝宝，看到轮船的线条画，可能会比看到白纸更有意愿参与创作，这样就鼓励了孩子拿起笔。

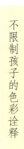

不限制孩子的色彩诠释

在孩子参与涂色画时，不用去要求他把颜色画在线内。过早这样要求，会打击孩子用笔留痕的积极性，也限制他的想象。

对1～4岁的孩子来说，鼓励用笔涂写与留痕，提升前书写技能才是目的。而对于四岁以后的孩子，他会自然而然地开始理解到画面的指示性，会开始自觉地把颜色画在线内。

但我的建议是：随孩子自主发展和意愿，不去要求色彩涂在线内这件事。因为他也很可能在用自己的方式参与创作，努力实现自己认为的美。正确的涂色可不一定是孩子心里最美的。

总之，关于涂色画，我的原则是：持续提供，用笔参与就是目的，不干涉孩子如何创作。

涂色时的色彩启蒙

也有些爸妈说，既然是提升前书写技能，如果孩子本来就很愿意拿笔在白纸涂鸦，这样其实就不用涂色书了吧？

我的回答是：观察一下孩子在白纸涂鸦时用的颜色，经常是单色呢，还是已经乐于使用各种颜色了？

我提到这一点，原因是孩子大脑的工作方式与成人不同。低龄的孩子，工作记忆容量有限，画画时，往往只能顾及一套思维模式：比如，他如果想着画线条和形状，往往就顾不上颜色上的变化。因此很多2~4岁孩子的白纸涂鸦，即使有了形象，也经常是单色的。

所以涂色书可以帮助孩子把大脑的思维切换到颜色上。画面上已经有了线条，孩子就会有更多机会思考：我现在是不是想要涂一个颜色呢？

如果孩子在涂色书上也只是使用单色，可以和他多对话：

"你现在使用的是什么颜色的笔？"

"你想用什么颜色画那个叶子？"

"你最喜欢什么颜色？"

这样的对话，是引导孩子切换思维模式，去考虑色彩的使用，但绝不是要求孩子"给正确的事物涂上正确的颜色"。

千万不要限制孩子的想象，要求他"天空应该是蓝色的"，"草地应该是绿色的"。色彩的创作权是孩子的，使用色彩要忠实于他自己的感觉。真正的色彩大师会告诉你，他油画上所使用的色彩，绝对不是我们印象中认为的那些物体的固有色。

直到孩子在白纸上的涂鸦既能呈现丰富的形态，又能有丰富的色彩时，我们就可以把重心放在白纸的创作上了。这时涂色书可以当作纯粹的色彩游戏来玩。

涂色使用什么笔?

我家姐妹最喜欢用多种颜色的儿童水笔来涂色。用得最多的是约翰·路易斯百货公司的100根一盒50色的儿童水笔，她们大多数涂色画都是用这一套笔。

姐妹俩用的儿童水笔

用蜡笔和彩铅涂色也是很好的。但我的体验是，有些蜡笔和彩铅，在纸面上留下的颜色太浅，孩子手的力量本来就小，如果涂不上什么颜色，会有受挫感。所以我推荐思笔乐[1]（Stabilo），虽然有点贵，但

① 思笔乐，德国品牌，主要生产各式笔。

是特别容易留色，像口红似的，在纸面上轻轻一划就会有色彩留下。

笔很粗，小手很好拿，而且功能很多，可以在玻璃上画，也可以在黑色纸或黑板上画，加一点水，还会出现水彩效果。

拿笔姿势错误要不要纠正？

很多爸妈问到握笔的问题。

小宝宝经常都是用手掌一把抓来用笔的。

大一些的孩子也经常握笔不准确。

我们要不要纠正？

我的回答是：

（1）1 ~ 2两岁的小宝宝画画的时候不纠正拿笔，因为这个时期对用笔留痕产生兴趣最重要，过度纠正会打断专注力和留痕的积极性。

（2）但是要帮助小宝宝增加食指、拇指与中指合作的精细运动的游戏，比如把弹珠捡起来放入容器中的运输游戏、用镊子运输棉花球的游戏、扭扭棒穿珠子的游戏，等等。当宝宝习惯了三指合作，手指力量增强了，会自然而然地开始用这三只手指来握笔。

（3）三岁以上的宝宝握笔有错误的话，我的建议是：在平时多给孩子演示正确的拿笔方式，比如在每次刚要开始涂写留痕时演示一下。但不强求，尤其在孩子创作过程中，不要因为握笔这件事而影响专注，不打击涂写的积极性。

原则是，只要在入学以前能够纠正了握笔姿势就好，孩子到了四岁左右才能更好地聆听并采取爸妈的建议。

另外，也可以使用三角棱状的铅笔或者笔套，有协助正确握笔的功能。

怎样选择涂色书

选择涂色书，首先，我的原则是不要使用有范画的书！无论是教简笔画、还是教给孩子怎么把颜色涂在线内的书，都最好不要采用。

涂色的目的是邀请孩子用笔留痕，但不应该限制孩子的想象和创作的自由。最好的涂色书，就是书里只有黑白线条的画，简单明了，其他什么多余的都没有。

1 ~ 4岁的涂色书

两岁以下的宝宝还不太能够很好地握笔，所以贴纸书是参与度比较高的互动书。当宝宝能够比较灵活地运用手指，就可以开始鼓励宝宝用笔了，涂色书的"友善性"容易吸引宝宝拿笔来留痕。

黑白线条的涂色书就很好，对于小宝宝来说，最好选择图案特别简单的、画面形象对孩子有吸引力的涂色书，比如动物、食物、生活用品的卡通画涂色书。对于2 ~ 4岁的宝宝，可以挑选画面稍微丰富的涂色书，但整体画面不宜太过复杂，最好都是孩子熟悉的事物。

我们偶尔也使用背景有些颜色，让孩子补充上色的涂色书，主要来自孩子喜欢的绘本相关的互动书，一本书里包括和故事相关的贴纸和上色以及其他互动游戏，很方便在旅途中拿出来让孩子打发时间。

《粉红小猪》涂色书和《姆明涂色书》

比如这本粉红小猪涂色书。有了喜爱的角色，孩子会很有参与感，也更愿意涂写互动。

但在色彩启蒙上，我还是更倾向于选择单纯黑白的涂色书，孩子的创作和想象可以更开放。

3～6岁的涂色书

3～6岁，涂色书最好也是选择黑白线条画、没有范画的涂色书。

但这时，孩子可以处理稍微复杂一些的画面了，也开始能够处理用多种颜色来涂，更有参与感的色彩游戏，所以涂色书可以根据孩子的兴趣，选择具有主题性、画面丰富、复杂度更高一些的。

比如我们最喜欢的《姆明涂色书》（The Moomin Colouring Book），姐姐和妹妹都是姆明绘本的忠实粉丝。

这本书也是纯黑白的，插画很美，都是来自故事中的情景，对我们来说很理想。

给三岁以上的孩子，还可以根据男孩女孩的不同兴趣，选择主题不同的涂色书，"命中率"会更高。比如男孩喜欢的怪兽主题、恐龙主题和女孩喜欢的仙子主题，都可以找得到。

5岁+的涂色书

五岁以上的孩子可以胜任复杂程度更高的画面了，更好的涂色方式是和阅读以及科普结合在一起。比如我很喜欢的尤斯伯恩（Usborne）的《伦敦涂色书》（London Colouring Book），可以一边给建筑物街景涂色，一边了解伦敦的著名景点和人文历史。

亲子涂色海报

如果爸妈也喜欢涂色，可以和孩子一起完成大海报型的涂色画游戏，是共同创造的美好亲子时间。

比如学校生活（The School of Life）出品的《涂色疗法》（Colouring as Therapy），它制作很精美，我们不仅自己涂色，还买了好多册在节日时送人。一张涂色海报打开有594mm×84mm，尺寸很大，我就和姐姐、妹妹随意地涂涂画画，花上一个月才一起把它完成。

（《伦敦涂色书》）

01 让孩子参与，才是真正的启蒙

当家里有不止一个孩子时，就要考虑到几个孩子的认知差异和兴趣点差异，在我同时陪伴姐姐和妹妹时，由于两个孩子的早教进度不太一样，她们的兴趣也有所差别，由此导致在学习过程中两个孩子的学习效率都不够高，老大会觉得老二的游戏太简单，老二又总是干扰老大的游戏，对老大的专注力有伤害。因此，我决定每周都有一天单独面对一个孩子，这样专注陪伴的早教效率要高得多。

另外要注意一点，高质量的陪伴没有手机。高质量的陪伴时间，关键词不是陪伴，而是高质量，也就是说光是陪着意义不大，要全身心都在孩子这里，才能实现高质量陪伴。早教启蒙，最重要的过程就是观察以及通过观察而做出回应。如果心不在这里，观察就不会敏锐，回应就不会及时。孩子对于父母是不是专心陪伴是非常敏感的。以前姐姐看到我低头看手机，会把我的手机没收。后来我在陪伴时间时，就专心把它当作一个珍贵的早教课机会，如果自己是个称职的老师，就应该把手机放在远处。直到孩子暂时不再需要陪伴，早教课结束时，再去回复手机

信息。

而其实观察到孩子在早教启蒙中的进步，获得的喜悦感比看手机的满足感强烈得多。

在 Sula 妈妈日如何安排一天的早教课程

每周二是我单独和妹妹在一起的早教启蒙日，我们称为"Sula 妈妈日"。

在周二前，我会先简单策划一下当天可以做的游戏，如下面这个日程计划清单，这是一个有变化空间的课程表。

sula 妈妈日的游戏策划表

语言	粉猪乐高，娃娃，阅读
大运动	蹦床，游乐场，拍球
精细动作	手工雪糕，手工棉花糖
美术	水彩画，涂鸦，贴纸，涂色画
感官	打泡沫，水和海绵的运输游戏
解决问题	立柱游戏，开锁游戏
自然与科学	观察植物生长状况
数学与秩序	待定

早教课程要根据孩子的实际年龄来，大运动和语言这两类是对妹妹这个年龄段最重要的，原则上应该每天都要有，其他几类如精细动作、美术、感官、解决问题、自然与科学、数学与秩序游戏，要尽量在一周里都覆盖到。

筹划游戏内容时，我会思考妹妹现在的能力、兴趣和发展需要，然后考虑哪些游戏家里已经有了比较全的材料，就把这些已有材料的游戏列入日程计划清单中。这份清单里的内容肯定会比早教日真正执行的要多，因为2岁的孩子有很多变数，做游戏需要随着孩子的兴趣，把游戏内容范围做大些，就能够随时应变。

怎样无焦虑地进行早教准备

很多妈妈说，她们平时既要带娃，又要做家务，有的还需要工作，已经面临太多压力了，如果再加上策划早教，冥思苦想适合做的游戏，还要进行材料准备，她们的焦虑值会直线上升。

对此我的建议是：无焦虑早教准备的秘诀在于平时的积累，积累的最好方法就是随手记录，记录最好的形式就是建立清单，我主要用以下几种方法进行准备：

我平时观察孩子的活动，会随手记录下她们的兴趣清单，针对这些兴趣点，如果我有什么想法，就随手记录游戏灵感清单，比如用铅笔屑拼贴，用羽毛画画等。

游戏需要的材料，我就随手记录在一个材料清单里。

我很少会为了买材料而特意出门。但平时去超市或者去商店，都会把手机掏出来看一下材料清单，碰到店里正好有的就买来。

兴趣清单、游戏灵感清单、材料清单，这些都是随

我的手机备忘录里的材料清单

时进行的，完全没有什么压力和焦虑。你也会发现：通过观察，你对孩子越来越了解；通过记录，你的游戏灵感会越来越多；通过收集材料，家里就总有可以随手就拿出来玩的游戏。

因为平时工作和带娃的压力已经很大，所以我希望做游戏是让孩子、自己都能感到轻松愉快的。如果你把这些准备工作变成随时随地的留心记录，焦虑值就会减为零，也会让自己能更加敏锐地判断早教该进行的方向。

怎样提高游戏设计的成功率

很多妈妈问我，给孩子设置好了游戏，孩子不肯玩怎么办，为什么姐姐和妹妹就都能很听话地合作呢？

关键不是她们听话。关键在于，她们玩的是自己爱玩的而已。我按照她们平时的兴趣设计游戏，她们以当天的兴趣在我提供的很多选项中选择自己爱玩的。因此除了按兴趣设计游戏以外，设计的内容也应该比当天可执行的更多一些。平时多观察孩子的兴趣，对游戏内容多做设计，随手准备好材料，这是早教能够顺利进行的重点。

再刁难的孩子，也敌不过善于准备的妈妈。

如何引导语言类的情景游戏

游戏一：小猪佩奇乐高情景游戏

类别：语言，角色扮演

8：00am 作为粉猪迷妹，妹妹生日时收到了数不清的小猪佩奇主题的礼物。她最喜欢的是一套与乐高大颗粒搭配的"小猪佩奇学校"。学校房屋已经建好，她主动招呼我来玩。她一边摆弄小角色，一边念叨着各种单词，比如睡觉、起床、吃饭、滑梯、坐下、打电话等。

作为语言训练课，我引导的方法，就是按照她现在的语言阶段，帮助她把她说的单词串联成有情景的句子。她说："佩奇，躺下，睡觉"，我就说："现在已经晚了，佩奇好困啊，要躺下睡觉了，盖上被子吧，咦，乔治在哪里呀？乔治，快来睡觉啦！"她听得懂我的话，也开始说："你在哪里乔治？睡觉了！哦，你在这里。"

就是这样，乐高情景游戏有了故事情节，她在这些情节对白中学习单词、组织句子、学习社交对话、想象生活情景。

妹妹玩得很投入，她说要搭台阶，于是我帮她用大颗粒建造学校延伸出来的房子，有上下楼层、有花园、有小餐桌，这样，更多情景模拟和对白就可以继续延展下去。

我们用乐高小屋来玩语言游戏

做游戏时孩子发脾气时怎么处理？

8：30am 兴高采烈地玩了半小时乐高，突然妹妹就开始发脾气了。原因是她想把佩奇按进直升机里面，却怎么也按不进去，又不肯让我帮忙，一有挫败感，她就大发雷霆，把砖块扔得到处都是，使劲哭喊，我越哄她，她就吼叫得越厉害。

应对方法：两岁孩子因为挫败感而情绪崩溃是很常见的。他们在婴儿时期以为自己是宇宙中心，无所不能，1～2岁自我意识开始觉醒，开始用自己的身体去探索世界了，才忽然发现一切都充满了阻碍，这对他们的心智承受力是个巨大的挑战。而且两岁宝宝往往还不能够用语言把前因后果说清楚，他们就更感觉挫败。

这时，我需要做的是先用语言和她形容发生了什么、她的感觉是什么。我说："你想让佩奇坐在直升机里，但是你按不进去，所以你很生气。"这样的解释，并不会让她情绪立刻变好，她还是大喊地乱扔乐高。那么我就平静地阻止她，然后坐在她旁边，看她哭一会儿。

孩子发脾气时不该做什么：

（1）不要对孩子动怒、让孩子觉得自己感受这些很困难的情绪是该受到惩罚的。孩子有权利感受自己的情绪。

（2）不要因为生气而走开，这样孩子会产生不安全感。

（3）不要因为孩子哭闹就满足孩子提出的一切要求。

其实坐在她旁边听她哭，就等于说：我看到了你的情绪，我也接受你的情绪，我陪伴你，等你平静下来。

十分钟以后妹妹逐渐平静下来，虽然还在抽泣但是不再推开我，我就抱她去花园里看看我们的植物生长情况。

用植物观察来让孩子静心

游戏二：观察花园可食用植物生长情况

类别：自然观察

8：40am 我带她先听听风铃的声音，她的抽泣声更低了。然后我们去看院子里的水果蔬菜。春天的时候，我们每个人都亲自种了可食用植物，每周都来查看生长情况。姐姐种的西红柿简直已经成一片丛林了，无数青色果实结了出来。

花园里总有惊喜

妹妹一边忙碌地看植物，一边不忘时不时抽泣。但是当她看到小蜘蛛捕捉到了苍蝇正在美餐时，就瞪大眼睛完全忘了伤心事，然后开始唱起儿歌来。

自然里有太多奇观，总是有着让孩子静心的力量。

如何引导孩子做手部精细操作的游戏

游戏三：手工雪糕、手工棉花糖

类别：手指精细操作

8：50am 她在餐桌前坐好，我拿出准备好材料的托盘。她看起来跃跃欲试。

首先我在纸面画出雪糕的形状，然后给她儿童剪刀。两岁可以开始学习使用剪刀了，剪刀对手部的力量和精细操作要求很高。我握着她的手，告诉她怎么拿剪刀，让她感受一下剪纸时的手感。然后再由我完成剪形状。最后她用胶水或者胶带把雪糕棍贴在纸面下端。我提供一些亮片、剪纸等装饰物，让妹妹自己装饰雪糕图案。

两岁的 Sula 很喜欢做手工

棉花糖则是在纸面上画出棉花糖的形状，剪下来，再用胶水将棉絮粘在纸面上，最后用胶水或胶带把小棍粘在纸面下端。

经常有妈妈问我，游戏时孩子总是让妈妈来操作，自己不愿动手怎么办。有两个原因：一是孩子不熟悉这种游戏形式，不知道期待什么。解决方法就是多玩，玩得越多，孩子就会对步骤有预期，畏惧感会降低；二是操作需要的难度比孩子的能力高一点，是虽然有点挑战但她自己努力几次能够完成的程度。解决方法就是鼓励孩子多试几次，让孩子体验自己动手的成就感。

平时细心观察孩子，了解她的能力水平、兴趣点，以此设计游戏，游戏的成功率就会更高。

每天都要保证大运动时间

9：30am 我认可蒙特梭利的理念，儿童每天至少保证两个小时的身体活动，这也是Sula妈妈日的必要内容，且最好在室外。如果遇上下雨不能出门，就在室内安排"降落伞"、"地板迷宫"、"球拍拍气球"等运动。我给妹妹吃了根香蕉做加餐，然后就步行去社区公园。

公园里的身体大运动

游戏四：室外公园的身体活动

类别：大运动

9：50 am 妹妹不是姐姐那种一到室外就撒野疯玩的孩子，她比较迟疑和任性，滑梯、秋千、沙坑她都不肯玩，引导也没什么效果，唯一想玩的就是走梅花桩。

平衡木和梅花桩，这一类游戏可以训练孩子的四肢与眼睛的协调配合、身体的平衡和专注力。我们玩了20分钟的梅花桩后离开游乐场。好在公园很大，除了游乐场还有足够的空间可以让孩子乱跑，孩子的运动和自然体验可以很好地结合起来。

社区给予的自然体验

游戏五：公园水生环境自然观察活动

类别：自然观察

10：30am 我们来到公园的湖边，用一个盆一个网，从公园的湖水里捞一些水草和生物放进盆里，然后拿到草地上用放大镜观察。

妹妹很努力地从湖里捞出水草。把盆子里的水草抖一抖，就会有好多水生生物游离出来。

我和妹妹找到了水蜗牛和刚长出腿的小蝌蚪，把小蝌蚪放在一个放大镜下面仔细观察，妹妹对这个活动很上心，观察了很久。

如果有条件，可以为孩子提前准备水生生物的剪纸或纸板，让孩子将水生生物如蜻蜓、青蛙、飞虫等上色做成面具，这样可以强化孩子的认识。

Sula 在公园里玩平衡木和梅花桩

观察水里的小生物

对孩子的生活安排我比较随性

11：30am 中午我们在公园咖啡厅吃午饭。

生活中我会随意一点，因为我不可能做一个完美妈妈，我要想办法保证自己的压力不超载，妈妈保持心情轻松才是家庭生活的质量保障。不要去和那些美食达人、生活达人或者时尚达人做比较，我的要求都不高，孩子的吃、穿、睡只要健康合理就好。我们时而会在外面吃，即使孩子挑食不吃，我也不会太责难自己。

天下没有事事都做得好的人，也没必要完美，在家庭生活中，做好权重比例，知道哪些事情是自己最在乎的、最拿手的，把更多注意力放在这些事情里，其他自己不能胜任或者觉得不是很重要的，就不要过度要求自己，可以不去做或者交给有能力的人去做，更不用和别人比。

我允许孩子有一定的屏幕时间

12：20pm 从公园回到家，妹妹要求看20分钟的小猪佩奇动画片。经常有微信公众号读者问我能不能让孩子看电视或玩平板电脑，问我应该看多久。对于屏幕时间，其实没有什么所谓的硬性标准，因为它带来的益处是难以衡量的，带来的坏处同样也难以衡量。

在我看来，电视和平板电脑都有很好的内容，不仅孩子们喜爱，而且我也能观察到这些内容对她们的语言、智力、认知和美感的提高有帮助。平板电脑上更是有很多非常益智的游戏，所以我允许孩子有屏幕时间。但这只是个例倾向性，你的孩子从来不看电视也好或者一天看3小时也好，都不会因此就注定了孩子的未来。

我们的屏幕时间规则是这样的：一是内容一定要由父母审核选择，只有好的内容孩子才可以接触；二是屏幕时间不能够让其他早教活动时间受损，对成长更重要的那些活动得到保证的前提下，孩子就可以享受屏幕。通常来说，这个屏幕时间是一天30分钟左右，周末会长一点，45分钟左右。

孩子的屏幕时间里我做家务

妹妹看电视的 20 分钟里,我收拾了碗碟、晾好了衣服还扫了地。

午睡前时间我们亲子共读

游戏六:亲子共读

类别:语言与阅读

1:00pm 我在设计游戏室时有一个小小的心机:游戏室里不放书,只放孩子的玩具和各种游戏需要的材料等,书都放在卧室。所以要读书,就去没有玩具不会被打扰的安静的卧室。我们养成了睡前读书的习惯,午睡前半小时,晚上睡前一小时左右。

我们在妹妹的房间里读了半小时的绘本。有时她自己读,有时我给她读。

哄孩子睡觉的时间我读书学习

1:30pm 我家妹妹是个特别难哄睡的孩子。婴儿时期睡前经常要尖叫一小时,后来经过调整,现在哄睡时不会哭喊了,但她仍然要我陪着,不肯让我离开房间。我也接受了这种状态,正如我说的,生活上我不太计较完美。虽然经常陪睡要近一个小时,但妹妹不介意我读书,她只需要我坐在旁边就好,然后她自己扭来扭去很久才会睡。

在陪睡的时间,我就用 kindle 看书学习,这倒也阴差阳错成了我每天固定的读书时间,虽然不是理想的读书环境,时不时要去哄哄她,但在每天的阅读里还是获得了知识积累。

有微信公众号读者问我用什么时间学习育儿知识。我的主要学习时间就是：孩子的哄睡时间、我的睡前时间和上下班路途中。资源主要是书籍、播客、网站和Youtube（国外视频网站）。

孩子午睡时我准备游戏材料、上网和休息

2：30pm 孩子午睡的一小时里，我把下午打泡沫游戏的材料准备好，然后我就可以上网和休息了。

科学探索的感官游戏

游戏七：打泡沫游戏

类别：科学、感官

3：30pm 我把妹妹叫醒，不让她的午睡时间超过1小时，以保证晚上不会睡太晚。我问她要不要玩泡泡，她立刻说"要"。她是泡泡迷，我知道这个游戏她会喜欢。

打泡沫游戏可以分成好几个阶段的不同玩法。

1.玩水，用杯子舀水，观察水从杯子孔洞流出的状态。

2.在水中加一些泡泡液，用打蛋器打泡沫，看看泡沫是怎样从水里产生的，看谁打出的泡沫更多。

3.我用吸管在盆里制造"泡泡建筑"。对着水吹，许许多多泡泡就会生长起来，像很多紧挨的小房间。拿吸管对着其中一个泡泡吹，泡泡就会变得很大，最终破掉。

妹妹看到这些"泡泡房屋"兴奋不已，她也尝试吹了很多"房屋"出来。但是用吸管需要宝宝能够区分吹和吸，如果会把泡泡液吸入口中，就不可以让他使用吸管。

4.用矿泉水瓶加袜子制作的"泡沫机"吹出丰富的泡沫。

5.用玩具餐具做泡泡烹饪游戏。

6.尝试用小喇叭吹泡泡。

7.把手放到泡泡里，好好享受泡沫的感觉。

这个游戏妹妹玩得太欢快，进行了1个小时。

妹妹自己玩泡沫游戏也很开心

孩子自己游戏时不去打扰

4：30pm 妹妹回到游戏室，自己玩了起来，没有邀请我加入，我就不打扰她的专注。她看书看了15分钟，然后又玩了15分钟小猪佩奇乐高，情绪很稳定。独立玩耍的专注力是很珍贵的，当孩子沉浸在自己的思想小世界里，这时要小心不去打断她，即使她遇到小挫折，也可能稍微等一下自己就解决了。

那么什么时候加入孩子的游戏呢？ 1.孩子邀请时；2.游戏明显进行不下去，孩子开始有脾气时。

用唱歌作为一天早教启蒙的结束

5：00pm 通常到了妈妈日的末尾，我们会一起唱10分钟的歌以告结束，并获得一份好心情。我们打开自制的歌本，妹妹点歌，我们合唱。歌本里的歌她都已经耳熟能详，唱不出词的也可以哼出曲子。

一人带俩孩子时采用"低标准轻压力"模式

5：30pm 我们去幼儿园接姐姐。姐姐看到我们很开心。

每次只要我自己一个人带两个孩子，我就立刻把自己的模式调整到"低标准轻压力"。也就是说，在不越过底线的情况下，我尽量随她们爱做什么做什么，我给自己设定的是计划灵活、要求不高，就会避免冲突，给自己压力小一些。所以傍晚这段时间我不特别安排早教互动，比较随性。路过公园时，她们想要去游乐场玩一会儿也可以。保持自己的心平气和是高质量陪伴的前提。

晚间给孩子清晰而规律的作息

6：00pm 我和孩子们六点到家，晚间生活开始了。看动画、吃饭、玩耍、洗漱、读书、睡觉，每天晚上孩子们要做很多事。为了减少她们的摩擦和抗拒，提高晚间的活动效率，最好的方法就是让她们每天晚间作息时间都几乎完全一样，习惯了清晰和规律的作息，孩子就会知道下一步该期待什么，也更容易遵守和服从。

6点是姐姐的屏幕时间，她看了20分钟动画片，这个时间里我把昨晚准备好的番茄牛肉、米饭、豆子热好，外加酸奶和水果，作为孩子们的晚餐。

6：20pm 孩子们吃晚饭，同时我切菜，把我和老R的晚餐准备工作做好。家里放着背景音乐，姐姐边吃还要边手舞足蹈。

6：50pm 上楼喝牛奶、读书、洗漱。这时爸爸也回来了，全家四口共读一小时。

8：00pm 妹妹和姐姐吻别晚安，我和老R分别带她们到各自的房间哄睡。每天晚上我和老R轮换给两个孩子读书哄睡，谁哄的孩子先睡着，谁就下楼完成晚餐。今天我比较幸运，轮到哄姐姐睡觉，她10分钟就睡着了。

8：10pm 我下楼做饭，老R继续哄妹妹睡觉。

8：30pm 妹妹睡着了，我和老R吃晚饭，看剧。这是我俩每天难得的二人独处时间，规定是吃饭和看剧的时候不许看手机。

10：00pm 我上网20分钟，然后我们上床读书。

11：00pm 入睡。

一天时间安排的总结

一天结束了。总结一下，带娃的一天里：

我对妹妹进行的早教启蒙内容有：

语言：45分钟情景乐高

阅读：1小时30分钟的共读

精细运动：40分钟手工

身体大运动：40分钟公园游乐场和乱跑

自然观察：15分钟花园植物观察，1小时公园水生生物观察

感官：1小时的打泡沫游戏

音乐：唱歌10分钟

而我呢？我夜间睡眠8小时，中午休息1小时，家务1小时左右。

我的学习时间：中午孩子哄睡1小时，晚上孩子哄睡10分钟，晚上

自己睡前40分钟（共1小时50分钟）

其实，都是可以实现的，对吧?

02　关键词定位法: 给晚说话孩子的语言特训课

妹妹21个月的时候，和姐姐同月龄时期相比，语言能力相差很多。姐姐10个月开始说"爸爸""妈妈"以外的单词，比如"鸭子""气球""苹果"，一岁半已经变成话痨，可以说中英文的很多生活常用词，熟记A-Z、1-10，可以流利地说出所有常见动物的名称和叫声，还可以说"建筑师""宇航员"等比较复杂的词。老二妹妹18个月时能说出的词汇量，大约和姐姐12个月时差不多，能点头摇头或者用手指示意的，就懒得张口表述。

我一直以为妹妹只是语言学习的进展比较慢，并没有太上心，因为我一直相信这是个体差异决定的，甚至怀疑爱吃的宝宝说话都晚，妹妹的嘴巴都在忙着满足"吃"这件事。因此我以为，一岁半还是"不爱说话宝宝"也没关系，反正家里有一个爱唠叨的老大已经够了。

我的思想开始发生变化，是因为我看到了一篇来自美国的报告，它调查了大量多子女家庭的孩子的发展，结论是通常老大

妹妹说话比姐姐晚

的智商最高，学业成就和工作收入也相对更高，原因是在幼年时期父母对老大倾注了更多的精力。而老二通常是情商和抗压能力更强，更容易幸福。

这个报告给我敲了一个警钟。我忽然意识到，也许两个孩子的语言发展差距不全是个体内因造成的。我回想，虽然她俩都是同一个妈教的，但我给她们倾注的关注是对等的吗？当然在其他的早教方面，我对妹妹也是很用心的，从她出生开始我就和她做各种早教启蒙的游戏。但是在语言训练方面，我却犯了一个错误——我没有给她足够的关键词定位训练。

关键词定位是什么？

那就是：重复地帮助孩子将语音与其意义相链接。一个发散式的唠叨的语音背景，提供的是音的环境，缺失的是义的连接。关键词定位就是连接音与义。

虽然妹妹一刻不停地听我和姐姐说话，中英文都有，但我没有投入足够的精力帮助她清晰地、重复性地将语音定位到意义上。孩子自己去摸索音与义的连接需要花很多时间，这个过程也容易出错。举个例子，有些孩子由老人带大，老人不停地唠叨说话，似乎提供了丰富的语言环境，但孩子两岁了还是不愿意说话。为什么？那就是因为唠叨不等同于定位，老人可能说了很多的长句，说了大量的音，但孩子难以在唠叨的长句和大量音节中定位那些他能够理解的意义。

回想起来，我和两岁的姐姐在一起时，我把全部时间都用来和她说话，指读关键词，建立音与义的连接。而妹妹的大量语言训练机会，都流失在聆听我和姐姐发散式的对白中了。

孩子的语言能力会影响哪些方面呢？

首先，最显著的是情绪管理。宝宝到了两岁时，情绪管理会是一个很大的课题。我意识到，姐姐的情绪管理能力几乎是和她的语言词汇能力紧紧连在一起的。姐姐不到两岁时，每次她发脾气，如果无法用言语解释自己，甚至爸妈理解错时，她就会情绪爆发得特别猛烈，有时她自己还为不知怎么控制情绪而感到害怕。

后来，我一次次用关键词帮助她形容她的情绪和情感，解释事情的起因和她的感受，逐渐地她就能用这些词汇来表达自己的感觉了。一旦能借助语言词汇，她就能够理性思考了，情绪一下子就有了出口。因为这样和她重复关键词，在两岁到三岁之间，姐姐的情绪管理迅速地成熟起来。

同理，如果孩子没有足够的词汇储备和语言表达能力，那么他了解自身、理解和战胜自己的情绪，并学习管理情绪的路就要更长。

其次，语言系统的发展高低，不光是影响孩子阅读和表达，对孩子认知、学习逻辑、秩序都是有很大影响的。孩子两岁时对形状、数字、秩序、因果、空间等的学习大多都是在情景中进行的，要有语言作为基础，才能帮助孩子去理解。比如数量的多与少，空间的远与近，重量的轻与重，等等，首先要有词汇储备，才能把模糊的秩序感觉理性化。因此，孩子发展思考能力，是建立在语言能力这块基石之上的。

最后，社交情感发展。有了语言，孩子才能更好地社交和沟通，表达自己、了解自己、理解他人、产生同情心和同理心。

综上所述，我认为0～2岁孩子的早教启蒙，除了体能训练之外，建立语言系统是最重要的早教启蒙之一。

何时进行关键词定位法的语言特训

虽然因为我的关注不均，妹妹已经比姐姐落后了，但至少现在意识到还不晚。我不愿意因为妈妈不够公平的缘故，让妹妹掉进那个"老二不如老大优秀"的坑。我要亲自把这个坑给填平。我有意识地开始了不爱说话宝宝的语言特训，效果是非常明显的，下面的几种游戏分享给大家：

1.情景想象类的游戏

比如可以跟孩子一起玩过家家游戏、烹饪做饭的游戏、假扮游戏、交通工具的运输救援、扮医生病人游戏、娃娃屋等情景想象的游戏。这些情景类游戏，需要的正是故事和情节，孩子处于渴望运用词汇表达的状态，所以这时使用关键词定位法是最有效的。

如何布置情景想象类游戏？我的方法是，每次的情景游戏都有一个主题，把和这个主题有关的事物放在一起，让宝宝有比较地观察事物和记忆词汇，进行类比，这样对她的系统认知是有好处的。比如这一次是水果蔬菜的主题，我把她的水果蔬菜玩具放在一起，学习相关词汇。下一次可能是交通工具游戏，重复各种交通工具有关的关键词。不同类别的物品要反复出现，次数多了，她就越来越熟悉相关的情景和关键词了。

2."行进中"和"等待中"的语言训练

比如推着童车和宝宝在公园里散步，或者在超市里购物，或者排队等候付款，孩子是"在路上"的状态，本身没有专注于什么事物或者游戏，他也对周围的景象好奇，他的学习窗口是打开的。这时就很适合把他眼睛能看到的事物进行指读。最好也是有主题性的环境，比如自然野外、超市商店、博物馆展览，等等。而且最好是能够经常回到同样的场景中，对他进行词汇的重复复习。

3.二维纸面上的语言训练

二维的语言训练是我们比较熟悉的，我们经常给孩子读绘本。但二维世界和三维实物的语言和认知训练要同时让孩子进行，这样他才能更好地连接二维和三维的想象。

除了读绘本以外，更有效的二维的语言训练有以下几种：

·"找找在哪里"的名词指读游戏：用普通绘本或认知类绘本，让他找出名词对应的图案。

·场景贴画游戏：借助物体贴画，让孩子在主题场景中展开想象。

·家庭照片幻灯游戏：提供家人照片，让孩子对人和事进行描述。

4.感官类游戏

水、沙、泥、冰、米、豆子、泡沫、颜料、布料，等等，都是非常适合一岁宝宝发展感官、认知世界、开发创造力的材料。这时的关键词定位法也能帮助他的语言发展。除了材质、材料的名词之外，关键词的重点在于帮助孩子形容他的感觉，形容材质的质感，形容触觉、听觉、嗅觉，等等。

5.孩子有特殊的情绪表现时

孩子特别高兴、吃惊、害怕、发脾气、伤心时，是帮助他储备情绪类词汇、了解和理解自己情绪的最好时机。最重要的一点就是：爸妈不要轻易否定孩子的情绪感受！比如他害怕时，不要告诉他不应该害怕，更不要因为孩子发脾气而和他生气。

孩子需要知道他是有权力有任何情绪感受的。爸妈要做的是用关键词帮助他描述自己的感受，为什么会出现这样的感受，孩子可以怎样做，等等。

其实有很多孩子在两岁以前，会花很多时间默默地认知事物、记忆词汇，两岁以后忽然就爆发式地说话了。这说明他所学习的关键词在心里是有积累的。所以，如果家里有个不爱说话宝宝，妈妈们不要误以为是孩子不聪明，而是要持续地帮助孩子认知，帮助他用关键词定位慢慢学习。

03　前书写技能，提升孩子未来学习成绩的关键

一次我和孩子们一起度假三周，为了减轻行李，除了一小盒橡皮泥以外我们没带任何玩具。但是为了让姐妹俩在旅途中等待的时间段有事可做，我给她们带了好几本纸面的互动书、速写本和很多画笔。在整个旅行期间，她俩每天都在写写画画，有了纸笔就可以很充实忙碌，不怎么需要其他玩具。

不到两岁的妹妹也整天学姐姐，姐姐画画她也画画，姐姐上色她也上色，两个孩子专注起来很安静，省了我好多陪玩的精力。

姐妹俩旅行的时候也喜欢画画

在假期期间，我也在听一个叫做"儿童早期研究"（The Early Childhood Research）的广播节目，其中提到一个很重要的概念——前书写技能（Pre-writing Skills），我深以为然。

前书写技能指的是孩子正式开始学习写字之前所需要具备的技能，这些技能形成的关键时期是0～5岁。

前书写技能有多重要呢？

从学龄前孩子的前书写技能的掌握程度，我们甚至可以预测他们以后的学习成绩。如果父母能帮助孩子在入学前就具备这些技能，会对他们未来的学习能力和自信心的培养有极大帮助。

前书写技能包括哪些呢？主要包括孩子用手握笔的能力，涂画、尝试书写规则线条、复制描绘线条和上色的能力。这一类线条涂写，是儿童的文字书写、数字书写和早期绘画的主要组成部分。

很多父母以为给孩子一个有很多字体印刷的环境，比如在可以看到很多书籍、海报、各种标签等字体的生活空间里，孩子就能自然而然地为书写做好准备。但是儿童教育专家通过对大量对2～5岁孩子的跟踪观察和研究发现，多印刷的环境虽然对孩子有所帮助，但还远远不够。孩子发展前书写技能，需要经常从事有具体指示和目标的活动才能具备，比如拿剪刀剪出形状、拿牙刷刷牙、拿笔涂写，等等。

和只是用眼睛看到印刷品或者用键盘打字不同，只有用手拿着笔在纸面上涂写，才会刺激孩子大脑的前额叶发育，而脑部这个区域也掌管专注力、自制力和短期记忆力。在0～5岁学龄前有充分的前书写技能练习的孩子，他们的专注力、自制力和短期记忆力都会更强；而在入学之后，这三种能力对孩子的学业成绩也有决定性作用。

以写作为例，研究发现，在小学时期写作能力出色的孩子，他们学龄前的前书写能力通常也是突出的。比如在英文环境中，如果孩子能迅速且清晰地写出每一个字母，那么写作时就可以不被这些最基本的动作打扰，不用考虑太多手下的笔画如何进行，大脑才能专注在高浓度创造力的方面，而将自己的思考和想法落实在纸面上。如果书写本身很受阻碍，孩子的思想表达就会有受挫感，创作的动力也会变低。书写慢的孩子会感到把想法落实到纸面是件困难的事，这对创造力的影响是很大的。

父母应该从什么时候开始就留意孩子的前书写技能？其实这个训练从0岁就可以开始了。在孩子的婴儿时期，父母可以有意识地训练孩子使用双手，增强他的手指精细操作的能力；一岁半以后，当孩子开始对涂鸦产生兴趣，就可以鼓励他使用纸和笔，让他对这种活动形式感到熟悉、喜欢和自信。

也许会有爸妈说，有必要这么早去考虑和书写有关的事吗，入学以后再去提高也不迟。但早开始和晚开始，这里有一个自信心的差距。如果是在学龄中遇到书写障碍而被要求进行书写练习，孩子因为挫折感，容易对书写这种形式产生抗拒和负面情绪。早点开始是有助于建立孩子的自信心的，0～5岁这个学龄前的阶段，可以让孩子有充分的时间随自己的兴趣慢慢游戏和学习，自然而然地掌握这些技能。

如果想了解孩子的前书写技能处于什么阶段，下面的发展里程可以作为参考：

2岁应该可以划出从上到下的线条；

2岁半可以划出水平线；

3岁可以画圆圈；

3岁半可以画如"+"号；

4岁可以画方形；

4岁半可以划斜线和交叉形；

5岁可以画三角形。

在对这些形状和线条都运用自如时，孩子就可以做好正式学习书写的准备了。

和手指有关的游戏很重要

上文提到的研究是通过对英文环境中的孩子进行观察的，英文字母的写法相对简单，而中文字写法要复杂得多，孩子要想写出中文字，不仅需要描绘出不同形式的线条，还要能分清上下左右方向，能用眼睛看到字型，同时手部跟进描绘，因此前书写技能的掌握对中文环境的孩子显得更重要。

但是重视学龄前孩子的前书写技能，绝不是要违背他们的自然兴趣，强制他们临摹字帖、记忆笔画、学写汉字，技能训练的原则是不要让他们对书写活动产生消极情绪。因此要遵从他们的天性，多在游戏中提高前书写技能。尤其长时间的纸笔涂写，对低龄的孩子是会有疲劳感的，这时就可以用各种提高手指精细操作的游戏而进行替换。

父母应该怎样帮助孩子提高前书写技能呢？

1.多鼓励孩子独立，自己的事情自己做。

因为手指精细操作能力是前书写能力的基础，给孩子更多独立的机会，他们才能更多地使用自己的双手，提高手指的精细操作，比如让孩子自己使用勺子、叉子、用牙刷刷牙、用梳子梳头等。在生活实践中也可以练习两只手的合作，比如开合盖子、穿袜子、削铅笔、穿衣服、穿鞋、扣扣子，等等。尤其是对纸面书写有抗拒感的孩子，很可能是平时的独立机会不够多，缺乏用手工作的训练，从而对用手在纸面书写缺乏信心。

2.通过游戏提高孩子手指的力量和灵活度。

我们要多和孩子玩需要应用手指的游戏，比如捏橡皮泥、搭建木块、乐高，这些都可以很好地练习他们的手指力量和灵活度。也可以给孩子设计需要用食指、拇指和中指配合动作的游戏：比如捡起弹珠放在细口瓶里。这个游戏能让三根手指配合工作，这是握笔的基础。2岁以后的孩子可以在成人监督下学习使用儿童剪刀剪纸，使用剪刀对手指的肌肉力量和灵活配合要求很高。

3.提醒孩子正确地握笔。

最晚在入学以前就需要纠正好孩子的握笔姿势，握笔正确与否会影响孩子书写速度、疲劳程度和坐姿。

4.视觉训练和手眼协调训练。

当孩子开始正式书写时，需要用眼睛看清字的线条，动手描绘模仿，这便需要孩子具有很好的视觉和手眼协调的能力。提高这个能力的最好的游戏之一是拍球，拍球时眼睛需要不断追踪移动的物体，用大脑判断球的位置，并控制手的动作来配合。

投篮游戏也可以练习手眼协调，孩子用眼睛判断筐的距离，用手将球投入篮子里。

5. 在语言上，孩子两岁以后，我们可以帮助他们储备和书写有关的词汇。比如画圈、斜线、短线、长线、折线、点，等等。

6. 给孩子进行各种各样的涂写活动。比如涂鸦、上色、画模板、描绘形状和线条，任何纸面上的涂写活动，都是孩子学习掌握前书写技能的机会。

孩子的早教活动不能完全代替给孩子的学习启蒙，对于 0 ~ 5 岁的孩子来说，提前帮孩子锻炼前书写技能，可以让孩子习惯书写这件事，让孩子在之后正规的学习中多一些积极性。

04 除了数数和认知形状，孩子的数学启蒙还要如何进阶

我们的数学游戏

在姐姐和妹妹 1 ~ 4 岁之间，我们的数学启蒙多是围绕在数字和形状的认知上。

比如在数字方面，我们用弹珠数数，和数字板对应；用数字排序来拼出圣诞树；做成圆点数字盘，姐姐用数字夹子去匹配对应的圆点；我们也用珠子穿小棍的方式，去对应数字，来玩数数的游戏。

学习形状时，我们使用形状模板来描画，比较形状的大小；我在纸面上画规则的线条和形状，姐姐用硬豆子去描绘形状、记忆线条规律；我们还自制了几何板，用皮筋来探索点、线、面构成的形状。我把不织布（即无纺布）剪成各种形状，姐姐玩形状拼图粘贴的游戏，一边贴，一边记忆形状的名称。

这一类的游戏我们还做了很多，基本上都是围绕数出 1 ~ 20 个物

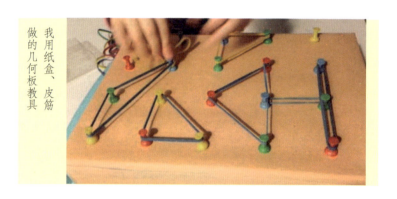

我用纸盒、皮筋做的几何板教具

体，20 以上的唱数和认知所有基本形状。

这个阶段完成以后，我们似乎到达一个瓶颈：数学启蒙还要如何进阶呢？加减法似乎还有点早。还有哪些数学概念是孩子需要在学龄前接触和了解的呢？

皮亚杰的认知实验

有一段时间，我回到伦敦大学进修发展心理学。课程很有挑战，也接触到了很多非常有趣的心理学内容。其中我最感兴趣的就是皮亚杰（Jean Piaget, 1896-1980）的儿童认知发生理论。皮亚杰是儿童心理学的开创者，被誉为心理学史上弗洛伊德以外的另一位"巨人"，他的

认知发生理论对当代西方心理学的发展和教育改革具有重要影响。

皮亚杰对儿童思维和智力发展，进行了规模庞大和系统完整的研究，用大量的时间观察孩子和进行实验。他尤其对孩子在特定年龄段所犯的那些相似的错误感兴趣。他意识到儿童在特定的年龄阶段有特定的认知结构水平，会通过自己的理论和臆想解释身边的事物。认知水平是像台阶一样按照年龄段递进的，阶段出现的先后次序是恒定不变的。

很多儿童心理学工作者对皮亚杰理论进行了研究，并对他的实验进行了重复性的检验。据估计，仅仅关于守恒一项内容的重复，验证实验就达3000次以上。

我们在课堂上温习了皮亚杰和孩子们所做的许多认知实验，过程让人忍俊不禁又极有启示性。尤其是在数学认知的范畴，孩子们在相似的年纪，几乎都会犯同样的数学认知错误。

对于2～7岁前运算阶段的孩子，皮亚杰的实验显示出这个年龄段的孩子最容易掉入一些特定的数学认知陷阱中，这也启示我们，在教育孩子的过程中可以避免这些认知陷阱，让孩子顺利前往进阶理解的下一步。

如果你有兴趣，也可以和自己的孩子试一试，看看皮亚杰挖的那些认知陷阱，你的孩子是不是都中招了？看看孩子的数学认知处在哪个位置？我和姐姐也尝试了皮亚杰的一些实验。除了数数和认知形状，以下这些数学概念和特性，都是孩子们需要时间去进阶理解的。

1. 液体的体积不变原则

这是皮亚杰最经典的认知实验，几乎所有3～5岁的孩子都会中招。

实验过程：成人在孩子面前放两只矮胖的玻璃杯，里面放入等量的水。问孩子，哪个杯子的水更多？通常孩子都能够答对——"是一样的！"

但如果成人把其中一个杯子里的水倒入一个细高的杯子，再问孩子哪个杯子里的水更多，大部分孩子都会回答细高的杯子里的水更多，因为水线更高！这个认知的误差，孩子通常要到6～7岁才能逾越。姐姐在这个实验面前也掉入了陷阱，怎么也不理解为什么不是细高杯子里的水更多。

这个实验给孩子的认知启示是：液体的体积不根据容器的改变而改变。

2.固体的体积不变原则

实验过程：成人捏出大小一样的两个橡皮泥的球体，问孩子它俩谁更大？孩子通常会回答"一样大"。

成人把其中一个球体压成扁平状，再问孩子哪个更大，几乎所有

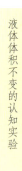

液体体积不变的认知实验

3～5岁的孩子都会指出，球体的橡皮泥比压扁的橡皮泥体积更大。

这个实验给孩子的认知启示是：物体的体积大小，不根据形状的改变而改变。

3.长度的守恒问题

实验过程：把两根筷子对齐排列，成人问孩子它俩谁更长？孩子通常会回答"一样长"。成人把其中一根筷子水平移动，再问孩子哪个更长，很多孩子就会认为被移动的那根筷子更长——因为尽端突显了出来。

这个实验给孩子的认知启示是：物体的长度，不根据位置的改变而改变。

4.数量的守恒问题

实验过程：在孩子面前放5枚一样的硬币（我们用了小立方体模具），在成人面前也放5枚同样的硬币，等距摆好，问孩子谁的硬币多。大部分3～5岁的孩子都会说"一样多"。成人面前的硬币不动，但是孩子面前的硬币间距拉长了，再问孩子，谁的硬币多？这时大多数3～5岁的孩子都会落入陷阱，认为自己面前的硬币更多，因为排列起来更长了。这个误区通常要等到孩子6岁左右才能闯关成功。

这个实验给孩子的认知启示是：数量的多少是不受物体的摆放方式影响的。

5.公平原则

实验过程：成人给孩子一个饼干，给自己两个饼干，问孩子"这样公平吗"？孩子们都会回答："不公平，因为你有两个我只有一个。"当成人把孩子的那一个饼干掰成了两半，再问孩子"现在公平吗？"很多3～5岁的孩子都会说："公平！因为我们都有两块饼干了。"

这个实验给孩子的认知启示是：物体的总量多少应该是由它的数量和每个个体的体量共同决定的。

6.顺序无关原则

实验过程：成人在孩子面前摆出7个硬币（或7个物体），摆成一个圆，让孩子从特定的某个硬币开始数，孩子数出了7个。然后，成人问孩子如果他从另一个硬币开始数，一共是几个硬币？大部分孩子都是要再数一遍，心里才敢确定还是7个，他们不敢直接喊出来："从哪里开始数都是同样数量的7个硬币！"

这个实验给孩子的认知启示是：我们可以用任何顺序数数，无论从哪里开始数，都能得到一样的数。

7.数轴

在学习加减法之前，一个对孩子很重要并且很直观的概念是数轴。在数轴上，每一个数都是一个等距的单位。我们可以给3~6岁的孩子试试下面这个实验。

实验过程：将硬币（或者相同物品）分成3个、5个、7个三组，问孩子哪一组最多，哪一组最少，大部分3~6岁的孩子都可以回答正确，但是要问"哪一组位于中间"，对很多孩子来说就有点困难了。

在学习加减法之前，孩子不仅要能数出物体的数量，也可以通过学习数轴知道3比5少，7比5多，5处在3和7之间且距离相等。到了这个时候，孩子才能真正理解加和减这两个动作都依据同一原理——数轴。

进行数轴的引导，最好的游戏就是桌游，比如蛇梯棋。蛇梯棋棋盘上的每一格都是一个数字，数字之间是等距的，这个设计和数轴很相似。骰子丢出哪个数，棋子就可以往前走几步，这样就等同于做加法。当碰到蛇头时，棋子就要退后几步，这里就是做减法了。

皮亚杰的这些数学认知实验是不是很有趣？除了数学以外，这位心理学巨人还给孩子进行了很多其他类别的认知实验，比如他发现2~7岁的孩子一次只能用一种系统来分类（比如色彩或者形状），而无法在其中自由切换；还有儿童的"我向思维"，也就是儿童无法意识到别人可以有与自己完全不同的思考方式和视角，倾向于从自己的角度出发看待事物。如果你有兴趣可以研究一下，这对孩子将有非常大的帮助。

05　培育双语宝宝的五种错觉

在我的微信公众号留言中，我总能看到这样的提问：如何培育双语宝宝。一些最典型的提问是：孩子何时开始学习外语最好？如果孩子混淆了两种语言怎么办？是不是同时学两种语言会让孩子延迟开口？父母应该如何协助孩子学习外语？

教孩子外语的方法可以滞后再谈，但关于双语教育的观念应该早一点与大家探讨，因为这至关重要。如果爸妈们被一些常见的错觉所误导，那很有可能会错过孩子最佳的第二语言启蒙期！

下面我就来说说这五种培育双语宝宝的错觉：

错觉一：宝宝连中文都还说不好，同时接触外语，会混淆两种语言

这是很常见的一个错觉。很多父母以为孩子同时接触两种语言，会感到困惑而无法分辨它们。语言学者芭芭拉·祖勒·皮尔森（Barbara Zurer Pearson）在她的《培育双语宝宝》（Raising a Bilinguai Child）中提到：婴儿一出生就能感知不同语言的差别了，尤其是全然不同体系的语种（例如中文和英文），孩子能清楚地知道这是两种不同的语言。

帕特里夏·库尔（Patricia Kuhl）的TED讲座"婴儿是天生的语言学习天才（The Linguistic Genius of Babies）"——对一个婴儿说英

文和日文，她能很清晰地分辨出哪些音节在英文发音里非常多，而另一些不同的音节在日文里发音更多。婴儿对不同发音的辨别甚至比成人更敏锐，接收音节的范围会塑造婴儿的大脑。

在姐姐两岁时，她掌握的中英文词汇量还都有限，但是她会立即知道妈妈说的是中文，当爸爸拿起中文绘本时，她也会说："This is a Chinese book, you can't read it."（这是中文书，你不会读。）她十分清楚这是两种不同的语言。

错觉二：宝宝同时学习两种语言会延迟开口说话

确实有一些双语宝宝开口说话会稍微迟一点，比如我家的妹妹。但语言学家确认过：这个延迟是暂时的，在双语宝宝开口说话之后，其强势语种的词汇量和语言组织能力会很快与单语宝宝持平，甚至进步得更快。

我家两个孩子都是从出生起就听我说中文，听爸爸说英文。姐姐18个月时就可以说相当多的中英词汇了，两种语言的发展都没有任何延缓，甚至比许多同龄单语种孩子的语言发展都更早。而妹妹开口说话确实比较晚，她18个月时还属于指物认知的阶段，很少说出词汇。同一个事物，她要同时接触其中文发音和英文发音，确实需要更多时间去吸收、内化，构建这两个语言系统。然而如同语言学家所说的那样，她的后期进步非常快，两岁生日前后，她用很短的时间就完成了从张口说几个英文单词到组织不同句式的英文句子的转变，现在她和其他同龄单语种孩子的英语水平是相当的。

研究认为，孩子开口说话早或晚，更多是自身内因决定的，暴露在双语环境中并不会使其更迟开口。在婴儿时期，暴露给他们的语种的音的范围越丰富、越广，婴儿以后对新语言的接受力越强。

错觉三：宝宝说话时会把中英文混着用，这是一个问题

双语宝宝混用两种语言来表达是个很常见的现象，但这并没有任何问题。通常在两种语言中，一个是宝宝更熟悉的强势语言，另一个是稍微陌生的弱势语言。在使用弱势语言时，孩子有限的词汇难以组织成句，就会借用强势语言的词汇来弥补。然而这种混搭使用的现象也是暂时的，随着弱势语言的词汇量增多，孩子逐渐就能只用这种语言组织整个句子了。

事实上，混用双语的情况，并不是只出现在孩子身上，任何刚开始学习第二语言的人，都会有想要用强势语言来弥补和协助弱势语言的自然需要。

错觉四："宝宝太小了，现在学外语还太早，先学好母语吧"和"我家宝宝已经是大孩子了，现在培育双语宝宝已经太晚"

事实上，将第二种语言引入孩子的世界，再早也不会太早，任何时候也不嫌晚。帕特里夏·库尔（Patricia Kuhl）教授在她的TED讲座中展示了这张图：X轴是孩子被引入新语言的年龄，Y轴是孩子对新语言的接受力。

首先，孩子开始接触第二语言的

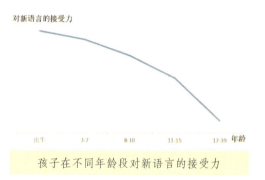

孩子在不同年龄段对新语言的接受力

最好时期是在四岁以前，尤其是 0 ～ 3 岁这个阶段。这段时间孩子的大脑正在变化和发育，她接触的多种语言可以参与形成她的大脑皮层沟回构建，孩子可以毫不费力地在大脑中留下听到的多样的音。语言学家表明，在四岁以前可以说两种语言的孩子，成人后，学任何其他外语都会更容易一些。

第二个最好的时期是 4 ～ 7 岁，这时孩子大部分的大脑发育已经完成，但仍旧会用平行的方式在大脑同一个区域处理两种语言，以学习母语的方式来学习外语。这时孩子的吸收能力也是迅速而轻松的，是学习语言的天才。

如果你的孩子已经超过七岁，培育双语宝宝也不算太晚，因为此时孩子的大脑还是相当地开放和灵活。然而当孩子到了青春期，新语言就会被储存在与母语不同的大脑区域中，学习的方式就和母语有很大区别了，这个时候孩子需要付出很多的努力学习。

晚些开始接触新语言总比不接触的好，因为在孩子成人以后，第二种语言会是他与人沟通、拼闯世界的重要工具，会是他一生的宝贵财富，所以任何时候开始都不嫌太晚。但是学习越早，就会越轻松。0 ～ 7 岁，是培育双语宝宝的最佳时期，这个启蒙工作从一出生就可以开始。

错觉五：“宝宝如同海绵一样，不用花什么时间和精力就能自然学会第二语言”

孩子越早开始接触第二种语言，学习就越快、越轻松，但这不等于孩子不需要有计划的、持续的外语教育。将孩子放在电视机前看一整季英语版的《小猪佩奇》，她很可能会学会不少单词，产生更好的语感，但这对她的语言学习是远远不够的。孩子不可能只通过被动的方式就掌握新语言。

帕特里夏·库尔（Patricia Kuhl）教授所在的华盛顿大学脑认知学院，给许多6个月的婴儿做了一系列实验，第一组婴儿通过听广播接触一门新语言，第二组婴儿通过看电视学习新语言，第三组幼儿通过与成人互动来学新语言。学院甚至创造了一个巨大的安全有效的仪器来测试婴儿对新语言的掌握程度，这个仪器能敏捷地捕捉婴儿的脑电波活动。12节课之后，这些婴儿接受测试的结果是，第三组婴儿对新语言的反应敏锐程度远远超过前两组。这说明，语言学习必须通过互动，带入五感学习，在有设计有指示的游戏中，促使孩子运用外语去思考，并主动使用这门语言，它才能在孩子的语言系统中内化。

研究表明，如果想让孩子把一种语言变成她的可使用语言，孩子在醒着的时间段里，需要有30%的时间暴露在这种语言中，这门语言才会真的在他的系统中激活。

所以，培育一个双语宝宝，最重要的是让孩子接触新语言的时间足够长和频繁，这对爸妈来说真的是一个很费心力的任务。但在你的概念中有了"30%"这个数字，就会更有意识地为孩子制造激活新语言的环境。每天坚持就是长足的进步。而如果我们在孩子不知不觉的年纪里，就能帮助他拿下一门新语言，那么当他在未来因为这个工具而获得巨大的成功或自由时，他和你都会对现在的坚持不懈而充满感激。

06 让孩子爱上英语学习的十六个启蒙游戏

说到英语启蒙，爸妈们都会用英文绘本与孩子共读。但是要彻底引起孩子对英语学习的兴趣，仅有绘本可能是不够的。当孩子感觉自己听不懂时，就难以专注在书本上。这时，我们就要用其他的方法提升孩子学习英文的积极性，而游戏就是最好的桥梁。

我给大家介绍我和两个女儿做的十六个英语启蒙游戏，这些游戏可以帮助孩子们在玩耍中更好地记忆和理解英文，下面我给大家分别介绍一下这几个游戏。

认知字母的游戏

认知字母是英语启蒙的第一步，但只是把26个英文字母一遍遍展示给孩子，孩子不一定有耐心学，也不一定记得住。所以我通过以下几种不同的游戏方式，让孩子对字母形成了更牢固的记忆。

1.砂纸字母板

砂纸字母板是蒙特梭利最经典的教具之一。她认为除了通过视觉记忆学习字母外，更好的方式是增加触觉记忆。孩子用手指触摸字母上粗糙的砂纸笔画，会自然而然地学会写法。同时，不用父母演示，孩子会自发地用手指触摸纸板上粗糙的部分并念出发音。蒙特梭利教具里的砂纸字母板很大，是专门供幼儿园使用的。我采用的是一套A7尺寸的中型字母板，叫作Letters Textured Touch and Trace Cards（字母纹理触摸和跟踪卡）。

2.感官口袋字母

妹妹一岁多时，我给她制作了很多感官袋。就是把一些水、油、食用色素、橡皮球、亮片等放进从宜家买来的食物保鲜袋里，再把木制的字母放在里面，封好口之后用透明胶条在地板上贴牢。她用手就能按出水和油的泡泡，这些字母就像做藏猫猫游戏一样，一会儿隐藏起来，一会儿在泡泡里显现。每次她用手指按到了一个字母，我就恭喜她，告诉她这个字母的读音。

蒙台梭利字母砂纸　　　　　　感官口袋里藏着字母

3.灯箱字母

用更梦幻的方式来展现字母吧！我给姐姐和妹妹制作了一个灯箱：用宜家的半透明的储物盒，里面放上圣诞灯，然后把灯光调制到恒定，这样一个很便捷好用的灯箱就做好了。此外，我还找到了质量很好的一套硅胶大字母，很柔软、适合小手抓握，放在灯箱上就产生了漂亮且半透明的蓝色。漂亮的事物总能让孩子专注观察更久，姐妹俩也因此认真地认

自制灯箱上摆放硅胶字母，看起来非常漂亮

读起了一个个字母。

4.灯箱字母拓印

在灯箱和硅胶字母上方盖一张纸，就可以玩字母拓印的游戏了。孩子对这种灯和影的视觉效果会感到很新奇，从而可以吸引她们尝试用笔描绘字母的线条。

用透明的纸拓印字母

5.小小字体设计师

我在画架上贴出了一大张白纸，并用黑色线条画出了26个字母的轮廓，然后邀请姐妹俩来设计和涂色。一岁半的妹妹虽然只会乱涂鸦，但她开始有意识在某个字母上画点什么。每次她的笔在哪个字母上"工作"，我就给她重复这个字母的读音。因为字母画得大，她又有了再创作的感觉，这个游戏可以帮助她记忆字母的形和读音。姐姐则进入了书写的敏感期，字母涂色可以加强她对笔画的书写记忆。

给字母设计图案和颜色，姐姐积极性很高

认知单词

认知单词是实现英语交流最重要的组成部分，即使语法不准确，但当孩子能记忆和说出足够的单词，就已经实现了交流功能。而认知单词的最好方法是关键词定位，就是将事物的意义与英文的发音不断地重复和链接，帮助孩子在自己的认知系统中能够自动将义与音结合。妹妹一岁半以后我们就带她大量地进行这一类认知游戏，她的词汇量增长也非常迅速。

1. 拼贴法认知单词

姐姐一岁时，我发现从绘本上指事物给她看，告诉她单词发音，她经常记不牢。于是我在记忆单词的游戏里增加了"粘贴"的环节——即如果孩子用手指参与进来，就能更快地记住。对此，我从画报上剪了很多事物的图片放在盒子里，并给她一个胶棒，让她把图片贴在纸上，每贴一个我就帮她巩固一个英文单词，如sofa（沙发）、car（汽车）、chair（椅子）……她也会念念有词地跟着我重复。

2. "Where is"（在哪）名词指读游戏

"Where is"（在哪）的游戏，就是用认知类绘本或普通绘本进行强化的关键词定位，并且反复检验孩子是否记住了事物的音和义。这个游戏可以鼓励孩子主动记忆英文词汇，也可以考验他的观察力。

"指指在哪里"的游戏

我使用的这本书是《托马斯的妙语书》（Thomas' Wonderful Word Book），每页都有很多事物的图案和单词。刚开始做这个游戏时，我会一一指出画面上的图案并读出英文单词，先让她慢慢认知事物。之后我会随时使用 "Where is ？"（在哪）这个句式，"Where is balloon ？"（气球在哪里）"Where is table ？"（桌子在哪里）"Where is pigeon ？"（鸽子在哪里）……让她从画面中寻找和指出相应的事物。如果她停顿了两三秒没找到，我就帮她找出来，下次再回到这一页再次巩固。

3.购物单

购物单是个很有效的单词认知游戏。我通常会在购物单上画出插图、写好单词，然后让她在超市找到对应的物品。当她看到插图就会主动记忆英文单词，然后在货架上找到实物。在单词记忆游戏中加入了实物这一环，就会让孩子的触觉、视觉、嗅觉都参与到了记忆单词中。

尝试拼写

孩子一旦开始尝试拼写了，所需要的记忆量就会增大，英文的学习难度也会增加。因此，拼写也是很容易让孩子感到枯燥的环节。但是拼写非常必要，这是孩子进入英语自主阅读的必经之路，所以学习拼写更需要和有趣的游戏结合起来。

1.浴室里的拼写游戏

这是姐姐和妹妹玩得最频繁的拼写游戏。我给她们找到了一套塑胶纸的大字母，只要洗澡时沾沾水就可以贴在瓷砖上。一开始，一岁多的妹妹只是很喜欢将字母不停地贴上

塑胶纸的大字母可以吸附在浴室墙上

和摘下。但逐渐地她就开始意识到这些字母可以组成单词。当姐姐念出单词时，她就会跟着念；姐姐也会在我的帮助下，在浴室墙面上拼写出简单的句子。

2. 室外英文标牌认读

父母在跟孩子出门玩的时候，总能发现很多英文单词。这个时候别急着走开，而是应该和孩子一起停下脚步，认真读出单词，告诉孩子其英文意义，再读字母拼写。尤其是家附近总会出现的标牌，孩

街上可以看到很多单词

子重复得多了就会记住。当拼对几个单词后，会让孩子很有成就感，从而增强其学英文的信心。

3. 乐高大颗粒拼写

姐姐和妹妹都很喜欢玩乐高大颗粒，因此我给每个乐高积木都贴上了字母贴。姐姐在处于最简单的 3 个字母的单词拼写学习中，比如 bus（公共汽车）、cat（猫）、dog

三个字母的拼写游戏

（狗），等等。我选取了每个单词的两个字母在底板上插好，然后让姐姐寻找缺失的那个字母，看看能拼出什么单词，再插到底板上。等 3 个字

母的单词都熟练了，就可以进阶到 4 个字母的拼写了。

4.墙面的拼写勋章

我们时常会做"用一天记住一个单词"的游戏。比如早上我告诉姐姐某个单词的拼写，然后，白天就会时不时地提问考察她。到了晚上，如果连问三次，姐姐都拼写对了，那说明这个单词就属于姐姐了，然后姐姐会用即时贴把这个单词贴上墙，从而成为她的拼写勋章。有了勋章，

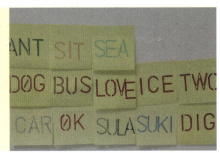

用即时贴来学单词

她就会对拼写更有成就感，认可那些都是她已经拿下的单词。而且上了墙的单词，她会不断看到，也有助于她经常重复巩固。

理解英文意境

理解英文的意境，是在绘本共读时进行得最多的一项内容。但这里也有两个加强理解的方法。

1.英文儿歌

唱儿歌是我们最喜欢的学英文的方式。英文儿歌朗朗上口，好听的旋律容易记忆。孩子经常在还不知道意义时，就能把歌词都唱下来，这对她们之后理解歌词语境特别有好处。随着孩子重复地唱，逐渐就会明白这些歌词的意义。而这时孩子不仅是学会了单词，还理解和体会了整首歌所表达的意义。这才是学习英文的最好捷径。

2.绘本剪贴变字帖

这个游戏更适合有一些英文基础的孩子玩。利用孩子最喜欢的英文

绘本，鼓励他记忆整本书的句子，并把这些句子用剪贴法拼出来，这是从共读到自主阅读进阶的过渡游戏。

　　姐姐最喜欢的绘本是《姐姐和妹妹》。因此，我选了其中的四页拍成图片，然后在PS软件里排版。每一页原图的旁边，我设置了深底色，并用大字体、白色字输入了对应的句子，然后把排好的页面打印出来。最后，我把每一页的原图和句子剪下来，并把句子打散，每个单

把最喜欢的绘本扫描打印出来进行句子的拼贴

词都分别剪开。在和姐姐进行游戏时，她会主动把原图贴在剪贴本上，并尝试背诵出这张图的句子，再把打散的文字拼成句子，粘贴在原图旁边。

　　这个游戏是有些难度的，所以，关键是利用孩子最熟悉、最喜欢的绘本进行游戏，她才有动力去背诵句子，并尝试拼写。

通过游戏爱上经典英文绘本

　　共读英文绘本当然是学习英文最主要的途径，但孩子因为听不懂英文，排斥共读怎么办呢？这时我们可以用手工创建一些和绘本内容相关的游戏，让孩子在游戏中对故事产生好奇，就会更想参与和聆听。同时，这些需要动手参与的游戏，也会帮助孩子记忆和理解这些绘本故事。

1.《三只小猪》

当我读到《三只小猪》这个绘本时，小猪在绘本中搭建了稻草屋、树枝屋和砖头屋的勤劳和能力让我震撼，但姐姐并不那么理解，毕竟她也没见过很多稻草屋和树枝屋。所以我们干脆用吸管、树枝和乐高砖给三只小猪建了三个房子，她一下子就理解了哪种类型的房子更结实了。后来，她还自发地玩起了"三只小猪"的情景模拟游戏，并用自己的语言把绘本故事叙述出来。

把经典绘本做成模型来讲故事

2.《十颗种子》

这是一本关于葵花籽生命循环的书，同时也是关于用一颗颗种子做减法的英文数字书。我的共读原则是：对于绘本里提及的事物，我如果可以很容易地找到实物，阅读时就会拿实物来演示，以帮助孩子更好地理解内容。如果我家里正好有葵花籽，我们就会一边读绘本，一边会给姐姐十颗种子做减法，最后再一一数出来。

　　列举了这么多的英文启蒙游戏，你可能已经发现了这个学习方法的奥秘：建立孩子的英文记忆，不能光靠被动的视觉和听觉记忆，而是要让他的五感都参与进来——要有主动的身体参与、要动手、要自主思考，这样才会使英文学习变得更有趣、更生动、更容易，孩子的记忆也能更牢固。

用实物来配合绘本讲故事